林慎思

（844—880）

“福建历史文化名人丛书”编委会

福建历史文化名人丛书

福建省社会科学界联合会 编

林慎思

唐代福建第一思想家

路 漫 编著

海峡出版发行集团 THE STRAITS PUBLISHING & DISTRIBUTING GROUP | 福建人民出版社 FUJIAN PEOPLE'S PUBLISHING HOUSE

图书在版编目（CIP）数据

林慎思：唐代福建第一思想家 / 路漫编著. --福州：福建人民出版社，2019.10（2020.11重印）
（福建历史文化名人丛书）
ISBN 978-7-211-08182-0

Ⅰ.①林… Ⅱ.①路… Ⅲ.①林慎思（844-880）—生平事迹 Ⅳ.①K827=42

中国版本图书馆CIP数据核字（2019）第202576号

林慎思
LINSHENSI
——唐代福建第一思想家

作　　者：路　漫
责任编辑：何水儿
出版发行：福建人民出版社　　**电　　话：**0591-87604366（发行部）
网　　址：http://www.fjpph.com　　**电子邮箱：**fjpph7211@126.com
地　　址：福州市东水路76号　　**邮　　编：**350001
经　　销：福建新华发行（集团）有限责任公司
印　　刷：福建省金盾彩色印刷有限公司
地　　址：福州市金山浦上工业区D区24幢
开　　本：700毫米×1000毫米 1/16
印　　张：7.75
字　　数：90千字
版　　次：2019年10月第1版　　2020年11月第2次印刷
书　　号：ISBN 978-7-211-08182-0
定　　价：25.00元

总 序

李 红

社会科学承载着“认识世界、传承文明、创新理论、咨政育人、服务社会”的重要功能，是人类赖以传承的精神支柱。近年来，福建省各级各部门认真贯彻《福建省社会科学普及条例》，社会科学普及工作扎实开展、稳步推进，通过举办全省社科普及宣传周、建立社科普及基地、开办社科普及讲坛等社科普及咨询平台载体，其制度化、常态化、大众化工作取得了明显成效。

习近平总书记指出，文化是民族生存和发展的重要力量，中华优秀传统文化已经成为中华民族的基因，植根在中国人内心，潜移默化地影响着中国人的思维方式和行为方式。福建文化是中华文化中极富特色的一部分，深度融入了中国文化的进程，展现出突破陈规、积极进取、兼容并包、锐意创新的胸襟和气魄。向大众传播福建优秀的历史文化知识，是福建省社科普及工作的重要内容。以接福建地气、讲福建故事、塑福建形象、续福建文脉的姿态编辑出版的“福建历史文化名人丛书”，既较为全面地展示了福建文化深厚的历史底蕴和丰富的人文精神，也为福建当下的社会文化建设提供了有益的资鉴。“福建历史文化名人丛书”所包含的朱熹、林则徐、严复、陈嘉庚等人物传记，记录了福建文化之于中国历史的影响，同时也以人物史的叙述方式生动地展现出中国人文精神的风骨和传统文化的传承。

今天，我们提倡和弘扬社会主义核心价值观，必须从中华优秀传统文化中汲取丰富营养，否则就会缺乏生命力和影响力。“福建历史文化名人丛书”记录了福建历史文化人物的价值观践行轨迹，重温了这批福建历史文化乃至中国历史文化史上重要人物的生命历程，以浅显晓畅、通俗易懂的叙述方式讲述了中华优秀传统文化传承的当代意义，开辟了社会科学知识进入千家万户的新路子。

“最忆市桥灯火静，巷南巷北读书声。”一套好的社会科学普及丛书，总是能带动起读书的风气。将学习作为一种追求、爱好和健康的生活方式，也是“福建历史文化名人丛书”所期望实现的目标。在文字中领略福建地域文化魅力，在阅读中传承传统文化养分，在感悟中提升人文道德情操，社会科学普及丛书的出版，可谓正当其时。

（作者系福建省人民政府原副省长，福建省政协原副主席）

目　录

慎思亭
千古儒英一状元
兰桂同芳五鹏鹗

引　子

林慎思，字虔中，号伸蒙子，福建福州人。世居长乐县崇贤乡钦平里鸿山（今福州市长乐区潭头镇大宏村）。唐咸通五年（864 年）荐礼部试，不第。退居梓里（在长安），著《伸蒙子》《续孟子》。咸通十年（869 年）中进士。翌年再试，中宏词科第一。他是福建历史上第一位思想家。

唐朝是中国历史上最强盛、最繁荣的封建王朝之一，但随着安史之乱的爆发，开始由盛转衰。至唐末，社会政治、经济局势更是每况愈下。

宋·刘希仁曾在《伸蒙子》跋中说：“唐水部郎林虔中，著《伸蒙子》三卷，时咸通六年也，以其时考之，方奉释氏，宠乐工、耽游宴、怠政事、侈费无度，兵祸未已，而堂老杨收路岩辈，皆以贿败，温璋至有生不逢时之叹。”这道出了当时社会的真实状态。

重要的是，朝中还存在着大臣之间的“朋党之争”，大臣与宦官之间的“南衙北司之争”，在地方上则是军阀各霸一方，形成“藩镇割据”。统治阶级内部的不断纷争，严重削弱了他们自身的力量。随着唐王朝力量的衰落，周边少数民族乘机侵入内地肆意劫掠，回纥、吐蕃、南诏都成为唐朝的严重威胁。自懿宗以来，奢侈日甚，用兵不息，赋敛愈急，致使自均田制

南衙北司之争，即唐后期，自肃宗至于昭宗年间，中央朝廷中的南衙与北司之间的对立与抗争。其中南衙指的是以宰相为中心的中央决策机构，北司指的是以枢密使、神策军护军中尉为核心的宦官集团。

破坏后，本已少地或无地可耕的农民生活更加困苦，倘若遇上灾年，他们的处境就更加悲惨，实在无法生活下去，就只好背井离乡四处逃亡。

有鉴于此，少年时即“有大志”的林慎思经常与好友“辩论兴亡，敷陈古今”，关注着国家命运。针对王道不兴、佛老盛行的政治局面，林慎思忧愤交加，撰写了《伸蒙子》一书。他借用古往今来许多鲜明的事例，规劝统治者要力行王道、振兴儒学、倡行仁政、与民同乐。

与林慎思忧国忧民形成鲜明对照的是，面对政治、经济局势的恶化以及佛、老思想的盛行，一些士人意志日渐消沉，他们逐渐厌恶功名，不求仕进，“志怀禽尚，不愿宦阶，情悦老庄，唯求放逸”，过着一种“烟霞入赏，琴酒滤情，谈老庄而卒岁，咏图书而尽日”的生活，对国家的安危与前途不闻不问。这些都深深地刺激着以经世济民为己任的林慎思。

唐至宋初数百年，士子皆谨守官书，“莫敢异议矣”。儒学已失去了创新的生命力。且“自佛行中国以来，国人为缁衣之学，多几与儒等。……今世儒道少衰，不复与之等矣”。儒学衰微已不能与佛道比肩，可见对儒学的改进，已极趋紧迫。于是文人士子们纷纷转向传统，以期从传统文化中寻求拯时救弊的良方。就这样，孟子逐渐步入了他们的视野。这是由于孟子的思想“有大功四：道性善，一也；明浩然之气，二也；辟杨、墨，三也；黜王霸而尊三王，四也。是四者，发孔氏之所未谈，述‘六经’之所不载，遏邪说于横流，启人心于方惑”。这些主张恰恰迎合了文人士子们疗救社会的需求，使得他们看到了抗拒佛老、防止割据的希望。孟子的重要性由是日益凸显，地位逐步提升，开始了唐宋间由“子”升“经”的历程，这也就是学界所普遍认为的孟子升格运动。

林慎思雕像

咸通四年（863年），时任太常博士的皮日休写了《请〈孟子〉为学科书》一文，并奏请朝廷，称说：“《孟子》之文，粲若经传，……其文继乎六艺，光乎百氏。真圣人之微旨也。……后之人将爱仲尼者，其嗜，在孟子矣。”他极力要求朝廷将《孟子》作为独立的一经，在科举考试中“有能精通其义者，其科选，视明经”。之后，孟子才逐步受到更多士人的关注。

林慎思与皮日休生活于同一时代，自然也免不了受到尊孟思潮的影响。正是在唐末这一社会剧烈变动的时代，林慎思抱着经世济民的强烈愿望，对孟子进行了重新认识，他不像韩愈等人那样极力尊孟，但也不反对孟子的主要思想（如在辟异端、行仁政等方面），而是认为要对其进行适当的改造，方能适应社会的需要（如乱世用重典等）。因此，他撰写了《续孟子》，并解释说：“《孟子》书先自其徒记言而著，予所以复著者，盖以孟子久行教化，言不在其徒尽矣，故演作续孟。”言下之意是：《孟子》一书，是孟轲的学生记录老师孟子言行的书，但没有把孟子的观点完整地表达出来，更主要的是当时治国的儒家观点快要“斩而不传”了，他要传导“仁言”，以治时病、救时局、兴唐室。

德成巖

第一章

筹峰山麓 忠义林家

德成岩人才辈出，在长乐文化史上不仅是一颗璀璨的明珠，而且是长乐儒学文化的发源地，从这里走出了福建第一家兄弟五进士以及福建第一位思想家林慎思，并促使福建从“蛮荒之地”进入“文儒之乡”。

矗立于闽江口南岸的筹峰山，因“山峦耸云表，若筹也”而得名。此山巍峨险峻且高出天际，绵亘数十里，在两岸群山之间一峰独秀，山中巨大的岩石皑皑如银，远远望去仿佛雪封山顶。清乾隆年间，长乐知县贺世骏将辖境的名胜古迹择优列为“吴航十二景”，其中“筹峰积雪”便指的是筹峰山。《长乐县志》筹峰积雪图说：“筹阳山者，邑灵区也。神斧削成，高欲摩天。左右有鳌峰、龙峰、出云、三宝、介石、锦鲤、西石诸岩，而德成、晦翁二岩最著。盖唐林仲蒙德成之所，及宋朱子与二刘讲学处也。四时含妍，方冬尤胜。每穷阴积雪，凝华万叠，瑶草琪花，璇房琼室，千态万状。方之小成、空桑、峨眉诸胜概，殆仿佛似之。”素有“闽中奇秀”及“山海至胜”之誉。

林氏望族

唐武宗会昌四年（844年），一个吉旦的清晨，筹峰山麓突然传来一阵特别响亮的啼哭声，震动周遭。从此，福州长乐这个海滨小城迎来了又一个影响中国历史的人杰——林慎思。

林慎思（844—880），字虔中，号伸蒙子。

咸通元年（860年），自幼勤奋好学的林慎思，因扪萝览胜见筹峰灵秀，俯瞰东海一碧万顷，与其兄进思、景思、勤思、普思筑建“月楼精舍”于筹岩中读书，并创“坑湖草堂”于筹峰山麓溪上村，遂居其地，后世称“坑湖里”。林慎思博览群书，积累了丰富的文化知识。

史料记载，林家祖上最早在东晋时期入闽。明·何乔远《闽书》云：“永嘉二年，中原板荡，衣冠始入闽者八族，所谓林、黄、陈、郑、詹、丘、何、胡是也。”林氏入闽始祖林禄是商比干之子林坚的裔孙，林禄任晋安（今福州）太守，其后裔称“闽林晋安世系”。晋安林氏又派衍许多支脉，有长乐忠义林，莆田金紫林、阙下林、九牧林、游洋林等。林禄传至八世孙玉器、玉珍等。玉器三世孙智通，唐高祖武德初年迁至福州长乐，为长乐林姓始祖。智通再传五世孙林升。林升生五子：进思、景思、勤思、普思、慎思。

林氏家族早年居住在钦平里鸿山（今潭头镇大宏村），因兄弟五人登游距离家门口不远处的筹峰山，“见筹岩洞天幽绝，遂披荒构室，读书其间”。这就是《福州府志》记载的宋·朱熹曾寓其中，并为题名“德成岩”的筹岩读书处。林慎思后来又在筹峰山麓溪上村盖起了“坑湖草堂”，遂由钦平里鸿山移居于方安里溪上村。故后人多记载：“先生方穷时，原家于此山之麓。”

“德成岩”题刻

德成精舍

筹峰山的精髓之处在于德成岩，史书称“筹岩”或“稠岩”，岩中自然景观星罗棋布，有“三十六洞天，一百零八景”之称。明代吏部左侍郎刘沂春，选其八大奇景，并题有《德成岩八景诗》：“日出扶桑”“潮生海岸”“夜月松涛”“游云归洞”“书台泉涌”“文笔插天”“步虚仙子”“听法神龟”等，美不胜言。从山脚下一路而上，只见层峦叠嶂、奇峰峥嵘，怪石嶙峋、岩洞幽清，苍松翠竹、草木茂盛、寺观殿堂掩映其中，楼阁亭台错落有致。登上德成岩，千峰拱秀、万派流光，宛如走进蓬莱仙境，飘然欲仙。站在德成岩之前，放眼群山起伏、沧海横溢、白云缭绕，让人不禁感慨而发“天上人间”之叹。

“稠岩”题刻

明代闽中十才子之一王恭诗云：

海上群峰一峰别，群山向下如丘垤。
云开华顶见琉球，天尽沧波带吴越。
元气鸿濛湿不飞，凉霜五月袭人衣。
迥临飞鸟空青外，始识筹峰天下稀。
石林阴洞何冥密，万籁天风散秋色。
南涧飞泉鹤梦清，太阴积雨龙漦白。
我闻伸蒙子，云卧清晖里。
一旦金马门，名高此山水。

当时，林慎思兄弟五人白天则攻书于筹岩山中“月楼精舍”，黑夜则苦读于筹峰山下“坑湖草堂”。他们“以继往开来为己任，上学孔丘，下宗子舆。啸卧云霞，冥心洞壑”。中国是一个诗歌的国度，在华夏文明灿烂的长卷中，诗人灿若星河，作品浩如烟海，风格异彩纷呈，仅唐一代就有多首赞美林慎思筹岩（筹峰山德成岩）读书处与“坑湖草堂”的诗篇。例如：

国子博士京叔

瞻彼筹岩，灌木阴阴，
岂弟君子，于焉栖迟，以养其心。
瞻彼筹岩，其山辉映，
岂弟君子，于焉栖息，以养其性。
瞻彼筹岩，惟石粼粼，
岂弟君子，于焉来歌，以适其情。
瞻彼筹岩，惟石凿凿，
岂弟君子，于焉行义，以娱其乐。

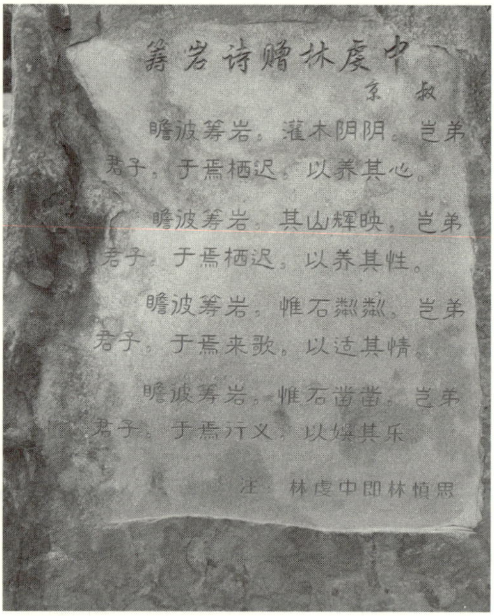

《筹岩诗赠林虔中》石刻

远处灵秀峭拔的筹峰山上树木苍郁、巨石白净，温润谦和的学子在此休憩、赏玩、作诗唱赋，这真是陶冶情操、修身养性的好去处啊！

此诗采用诗经重章叠句的写法，反复唱咏间展现了筹峰山与才子的相互应和，赞扬了人杰地灵、钟灵毓秀的长乐。

秘书丞董玄卿

山居少邻并，萧然异尘域。

读书半掩门，看云频坐石。

花落昼沉沉，鸟啼春寂寂。

晏处心自静，幽吟兴何极。

问宇有人过，苍苔见行迹。

住在远离世俗、孤寂无邻的山中，读书、赏云、看花、听鸟，一切都显得那么寂寥落寞。但人反而内心平静，可以悠然自处，尽情吟诗作赋。还是有慕名而来请教学问的人啊，不信的话，可以看看青苔上访客留下的足迹。

此诗与刘禹锡的《陋室铭》有异曲同工之妙。赞扬林慎思虽身处孤寂的山中，仍然怡然自乐，以文会友。

宣武使赵绮

石岩幽绝处，古木映轩窗。
门掩苍苔静，帘垂白日长。
市嚣应不到，尘虑总相忘。
中有琴书客，无心慕玉堂。

在远离尘嚣的山间石岩（筹峰山）之下，四周环境幽静古朴。住在此处让人忘却俗世名利，一心只与诗书、古琴为伴。

此诗赞扬林慎思不慕名利、恬淡旷达的胸襟。

筹峰山上的“月楼精舍”与山下的“坑湖草堂”都是林慎思兄弟的读书之地，“月楼精舍”比建于唐乾符四年（877年）的长乐县学宫还要早17年。精舍与草堂皆是书院的别称。到了南宋，朱熹登筹岩赞叹林慎思“德成于此地”，题“德成岩”，由此把“月楼精舍”更名为“德成精舍”。《八闽通志》《三山志》《福州府志》《长乐县志》等均有详细记载。因此，可以说

德成精舍

德成精舍是古代长乐第一所书院。

德成岩自林慎思兄弟登第以来，声名远播，各地学子慕名而来求学，其间名师鸿儒亦接踵而来。据《明教堂序》记载，阜山姚坑始祖姚能举，侯官古灵人，因少年时求学于“德成精舍”，后迁居长乐阜山姚坑。从此姚氏一门七世出了两个状元、十个进士。与姚能举同时求学于“德成精舍”的还有“郡名士林慎思裔孙密、唐银青大夫陈辩裔孙杞、黄邦达”等多人，《长乐县志》亦载：“林密，宋章衡榜进士，官潮州知府；陈杞，宋毕渐榜进士，官宣州团练使；黄邦达，宋贾安榜进士，官太常博士；姚能举，与黄邦达同榜，官江西按抚使参议。”可见当时德成精舍影响力之大，为国家输送了不少的栋梁之材。由此可推，有宋一代的长乐名士，比如筹峰山麓的陆蕴、陆藻、林安上、林睦、林昷、林冠英等人，多求学于德成精舍。

德成岩人才辈出，在长乐文化史上不仅是一颗璀璨的明珠，而且是长乐儒学文化的发源地，从这里走出了福建第一家兄弟五进士以及福建第一位思想家林慎思，并促使福建从“蛮荒之地”进入“文儒之乡”。同时，德成岩还培养了林氏历代进士60多人。此外，远近各地学子在此求学显达者，亦以数倍计。由于林慎思与德成岩的影响，长乐读书蔚然成风，出现了“家诗书、户弦诵”“彬彬向学、兴仁兴让”的文化状态，使得长乐文风昌隆、人文荟萃，所以说是“德成精舍”成就了吴航“海滨邹鲁”“文献名邦”的美誉。

德成精舍最初是林慎思兄弟的读书处，后来，因为林慎思著书写作，弘扬儒学，勤政爱民，精忠报国，后人构堂祀之，遂成为纪念林慎思的专祠。从林慎思的好友河南王典书令杨恭的诗中可知：

避虚入空谷，跫然思足音。
林栖更习静，无乃赏孤心。
擘胜结山房，开窗见岗岭。
云来柴萝阴，月出苍泉冷。
弃却许由瓢，捶碎谢公屐。
床头无弦琴，壁上无孔庙。
横门寡轮鞅，侧迳饶榛莽。
甘与驯鹿游，间将伸蒙侣。
时登稠岩阿，指云凌绝壁。
回潭送天声，适与孤兴极。
群动自然听，太虚冲漠间。
谁能野望寂，默悟死生关。
不然炼形魄，强使尘虑泯。
山入天地根，徒劳养玄牡。
何如自饭稻，披书穷微言。
淡淡汾河水，悠悠洙泗源。
我问稠岩峰，峰下多白云。
云中美人云，虚此鸾鹤群。
庐生别终南，周子谢钟阜。
捷迳非隐沧，移文满入口。
而子荐休明，轩眉发哂笑。
缅怀静中期，恐贻山灵哨。

许由瓢：出自《琴操·河间杂歌·箕山操》，许由用手捧水喝，别人给他瓢，他喝过水后便将其挂在树上，后又嫌风吹有声音，便把瓢扔掉。后遂用“一瓢挂树”“挂瓢”等写隐逸傲世之人。

冲漠：虚寂恬静。

披书：开卷，读书。

微言：指人所发出的细微语声。

钟阜：指神话传说中地处极北、气候苦寒的钟山。

移文：也称移书，是一种起源很早的平行文种。

休明：用以赞美明君或盛世。

此诗通过作者对山林风光、隐逸生活的描述和肯定，以及对恬淡虚无、道法自然精神的向往，赞扬了林慎思超逸出尘、孤高傲世的品格和对世俗尘嚣生活的摒弃。

特别是唐参军陈京《赠伸蒙子读书处》诗句：

卜居幽邃绝氛尘，
门掩空山少四邻。
学讲河汾开后进，
道明洙泗绍前人。
莺花彩落房栊暑，
庭草光分宇宙春。
好听书声天上去，
方知郊薮有祥麟。

此诗通过对在幽静之处读书讲学的描述和附近生机勃勃的景物描写，表达林慎思等人虽身处偏僻，却依旧能学到智慧、成为贤才的乐观欣喜的心境。

由此可见，德成精舍也是讲学的好地方。如果说，当时德成精舍未用于讲学，诗人恐怕是很难凭空臆造出如此美妙的佳句。

河汾：河汾之学，是指隋末大儒王通在黄河、汾水之间设馆讲学活动，这个讲学活动对后来的贞观之治有着直接的影响。

洙泗：洙水和泗水，代称孔子及儒家。

绍：连续，继承。

祥麟：指麒麟，古代传说中的瑞兽，象征祥瑞。

另宋参议姚能举曾记其少时偕林密、陈杞、黄邦达诸人“相与肄业德成精舍”，说明德成精舍在宋代还是讲学的地方。宋兵部尚书林采在其《明教堂序》说：“予邑名贤林慎思，首倡道学，为吴航宗匠。厥后五子登科，故编其乡曰‘芳桂’。而乡之人士彬彬向学，兴仁兴让，顿成雅俗。”据《福州府志》载：“德成书院在方安里，宋乾道间，朱子尝寓其中。”这些都说明德成精舍是讲学的地方。

学习之要

德成精舍不但是林慎思的读书、祭祀处，还是讲学与学术研究之地。特别从林慎思好友陈京的诗篇中，已知晓林慎思在此读书讲学，弘扬孔孟圣道儒家学说。而且在长期的治学生活中，林慎思还总结出了一些宝贵的经验。

其一，学必有师。林慎思认为，人非生而知之，人的知识是学习得来的，学必有师，求师问学是获得学问和学业有成的根本。在从师中，关键是从师那里习得根本，而不是标的。只有这样，才能胜过老师。他说：“仲尼昔师于老氏也，后设其教，则大于老师焉，是师其齐庄也……韩非、李斯昔师于荀卿也，后行其道，则反于荀卿焉，是师其运动也。”孔子胜过老子，是因其抓到了根本，而韩非、李斯偏离师道，是因其只抓到了荀子思想中游离变动的东西。在这里，反映了林慎思固守儒道的思想。他强调学习根本，不舍本求末，还是值得提倡的。

其二，学必自觉。学必有师，更要积极主动，发挥学习者

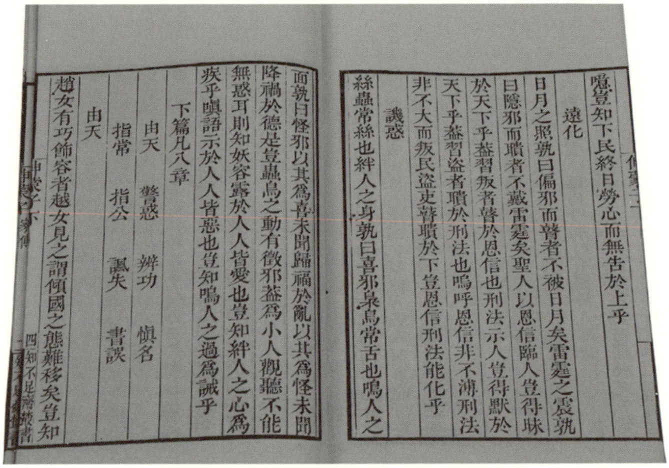

噫豈知下民終日勞心而無告於上乎

遠化

日月之照孰曰偏邪而瞽者不被日月矣雷霆之震孰曰隱邪而聵者不藏雷霆矣聖人以恩信臨人豈得昧於天下乎蓋習叛者瞽於恩信也刑法示人豈得默於天下乎蓋習盜者聵於刑法也嗚呼恩信非不溥刑法非不大而叛民盜吏瞽聵於下豈恩信刑法能化乎

譏惑

絲蟲常絲也絆人之身孰曰喜邪梟鳥常舌也鳴人之而孰曰怪邪以其爲喜未聞歸禍於亂以其爲怪未聞降禍於德是豈蟲鳥之動有徵邪蓋爲小人觀聽不能無惑耳則知妖容露於人人皆愛也豈知絆人之心爲疾乎嘎語示於人人皆惡也豈知鳴人之過爲誠乎

下篇凡八章

由天　警惑　辨功　慎名

指常　指公　諷失　書誤

由天

趙女有巧飾容者越女見之謂傾國之態難移矣豈知

伸蒙子　下

四　知不足齋叢書

《伸蒙子》书影

的主观能动性。他说：“日月之照，孰曰偏邪？而瞽者不被日月矣；雷霆之震，孰曰隐邪？而聩者不戴雷霆矣。圣人以恩信临人，岂得昧于天下乎？”圣人以恩信教化百姓，有如日月之照，不偏不倚，雷霆之震，不隐不讳，可许多人仍察觉不到他的伟大，关键是他如盲聋之人，闭目塞听。学习上亦如此。所以，他要求人们要勤奋努力，主动学习。

其三，辩证而学。林慎思主张，学习上应有主见，切忌人云亦云。既要看到好的一面，也要看到坏的一面。他说，鲜艳为人羡，但也应看到它能诱人骄奢之患；伤害使人忌讳，但它也能使人行正直之路。任何事物都有正反两面，学习中应辩证，不能只见优点，不见缺点。

另外，从宋兵部尚书里人林采称赞林慎思“首倡道学，吴航宗匠”可知，林慎思儒学思想实际上是宋代理学崛起的先声。他讲的“道学”是以接续孔孟儒学“道统”，博采儒、道、法等诸家之长，融哲学、伦理学、政治学于一体，以修身、齐家、治国、平天下为目标的新儒学。后世赞誉林慎思为“晚唐儒宗”“道学渊源”。

但凡文人墨客都对大自然情有独钟，林慎思也不例外。虽然他从小生活在群山环绕的地方，但仍然喜欢置身于山水之间，寻觅深山老林里的那一种静谧。筹峰山中的溪水、鸟鸣、烟云，都让聪慧过人的少年林慎思心旷神怡，忘却一切凡尘俗事，在“雾色随风浅，雨意隐云端”的诗意里享受一抹云水的清欢。

因为山水可以调养人的心性，可以愉悦人的心情，亦可以寄托人的情怀，闲暇时候，林慎思喜欢到处游山玩水，在大自然中释放心情，陶冶情操。

咸通三年（862年），林慎思走过了千山万水，只为一场等待已久的钱塘江观潮。这里的海潮是天下间的雄伟奇观，它成就了钱塘江的盛名，自古以来广为人知。

观赏钱塘秋潮，早在汉、魏、六朝时就已蔚然成风，至唐宋时，此风更盛。农历八月十八日这一天，林慎思看到了那海潮如万马突围的景象。此时此刻，林慎思心中有感，他在《涛之什》中写道：

> 涛之什，刺吴俗也。予咸通三年秋八月，玩涛于钱塘江，高涛涨海沸腾，滔江汹涌。吴俗相传，皆谓伍胥积怨于吴王而为于江矣。夫胥贤臣也，吴不能用，竟亡其国也。然胥虽死且由忠也，而忠之名光于史册，地下之灵得无喜耶？若积怨于王，则非忠也，而忠之名光于史册，地下之灵得无惭？苟不知其喜，不知其惭，胡为

灵耶，若是吴俗相传，徒饰胥成涛之灵，不知贻胥怒王之罪，故作是诗也。

涛之起兮，随潮而起。
涛之止兮，随潮而止。
子胥何患兮，陷名于水。
噫！
子胥之何罪兮，贻唬为涛。

其实，潮生潮落，这是自然的规律，月亮等天体主宰着这个美丽的现象。大自然的奥妙无穷无尽，它给人们的思考也是无穷无尽的。林慎思在现场观看钱塘潮后，似乎感悟到了人生也如此潮涨潮落，别人成了你的人生观客时，你也成为别人的人生观客。

忠义林家

光阴似箭，日月如梭。林氏兄弟在筹峰山中苦读5年之后，方相继离开至京城长安（今西安）考取功名。时人称颂："水部昆仲五桂芳，表阙宅里殊恩光；新宁俊彦推先辈，海滨科第破天荒。"其意在赞美林慎思兄弟五人先后俱中进士，乡亲为之荣光，这就是"长乐登第自林氏始"的由来。时至今日，长乐民间每逢喜庆还常用上"五子登科""五桂联芳"等祝福语，以示子孙昌隆，读书出仕。

据《长乐县志·乡都志》载："芳桂乡，唐咸通中，里人林慎思兄弟五人同登第，故名。"《长乐县志·选举志》载："进士，唐咸通十年（869年）己丑归仁绍榜林慎思，传见《名

大宏里

臣》。”按《伸蒙子》序云：“林升五子，长进思、次景思、三勤思、四普思、五慎思。俱登第，时称五桂，名其乡曰芳桂。”其实，在福州长乐地方史志中，相同记载的资料还有很多。

在林氏兄弟五进士中，老大进思，字尽中，唐咸通八年（867年）丁亥科，郑洪业榜登第，授福建路盐铁使，转册礼推官。老二景思，字德中，咸通八年与老大进思同榜登第，官至防御使，转节度推官。老三勤思，字明中，唐乾符二年（875年）乙未科，郑合敬榜登第，官至陇州建水令。老四普思，字有中，咸通九年（868年）戊子科，赵峻榜登第，授吏部给事中，改授御使，景福二年（893年）累迁至工部尚书。五弟慎思，咸通十年（869年）己丑科，归仁绍榜登第，翌年再中宏词拔萃科第一名，授秘书省校书郎，历兴平尉，迁尚书水部郎中。“兄弟五桂

五纯臣”，可谓衣冠济济。懿宗皇帝赐“兰桂同芳”匾额，敕改林氏所居“崇贤乡钦平里”为“芳桂乡大宏里”。

林家一门五子俱登进士，全国罕有，福建首例。这与其家族的家学渊源不无关系。林慎思的曾祖父林凝，官左卫将军，秀州知府；祖父林萼，官苏州长史，晋江县令；父林升，官银青光禄大夫，太子宾客兼监察御史。可谓名门望族，世代簪缨。而唐代长乐林慎思兄弟五桂与莆田林藻兄弟九牧，同出于东晋招远将军林禄之晋安林氏，自古有“中兴姓氏无双谱，南渡衣冠第一家”之称。林慎思诸子有徽、尧、徵、遁等多人，各以文显，而三子林徵于唐大顺元年（890年）庚戌科杨赞禹榜登第。父子进士亦传为儒林佳话。

值得一提的是，林慎思的著作《伸蒙子》《续孟子》，继承孔孟儒家传统，博采道、法等诸家之长，对宋代理学的形成具有重要的影响。只可惜，两部重要官修史书《旧唐书》《新唐书》均未见为其立传。但这并不影响林慎思在中国历史上的地位，他因著有《伸蒙子》和《续孟子》而在中国思想史上占有一席之地。林慎思是“福建历史上第一位思想家”。至今，北京大学还把他的儒学思想编入《中国儒学史》广为流传。同时，林慎思以舍生取义、精忠报国的精神，实践其忠君、守义、爱民的志向。懿宗皇帝表其门曰“儒英忠义”，故其后裔世称“忠义林家”。

“忠义林家”自筹峰山下“坑湖草堂”起源，经过千年的繁衍迁徙，人口已达百余万，大多数分布在福建、浙江、江苏、广东等地。近代播迁海外，遍及东南亚与欧美等国家。历史上曾出现过100多位进士与众多达官显贵。

儒英忠义

今天，林氏裔孙仍然铭记着唐朝皇帝敕改地名“芳桂乡大宏里”与方安里筹峰山“坑湖草堂”，此皆为长乐忠义林氏的发祥地。

八閩思想
第一人

第二章

槐里续孟 儒林秀木

旧著《儒范》七篇，辞艰理僻，不为时人所知。复研精覃思，一旦斋沐祷心灵，是宵梦有异焉。明日召蓍祝之，得蒙之观，曰伸蒙入观，通明之象也。因感而有所述焉，自号伸蒙子焉。

咸通五年（864年），林慎思首次参加礼部考试。唐代科举考试的试卷一般不糊名，取录进士除看试卷外，还要参考考生平日的作品和声誉。因此，考生必须向“先达闻人”，尤其是那些参与决定录取名单者呈献自己平时的力作，争取他们的“拂拭吹嘘”，这在当时被称为“投卷”。向礼部投献的称为“公卷”，向达官贵人投献的称为“行卷”。例如《唐摭言》卷七载：白居易初至京师，向著名诗人顾况投卷。顾况见“白居易”三字，便开玩笑地说：“米价方贵，‘居’亦弗‘易’。”颇有轻视之意。待开卷读第一篇，诵“离离原上草，一岁一枯荣。野火烧不尽，春风吹又生”，大为赞叹：“道得个语，居即易也。”于是白居易被推荐，声名遂震。

当时的读书人，考前忙于到处拜公卿、献文章、送礼物，卑躬屈节，低首就之。还有的人干脆跑到官僚的车马前跪献文章，以示其诚。林慎思可能在这方面不如他人，上下打点功夫不到位，以及其他种种因素而落第了。

然而，林慎思并未就此颓废，此时他仍然踌躇满志，心中自始至终想着的都是学问上的事情，认为人活着是为了实现自己的价值。于是，林慎思在长安城郊外找了一处落脚点，最后寓居槐里发愤图强，勤读诸子百家。课余时间，林慎思与朋友指点形势，谈论朝代兴亡，并记录下来谈话内容加以整理。

槐里著书

槐里，不言而喻就是跟槐树有渊源。文献记载，早在3000多年前的周代，朝廷内植槐，“槐鼎”一词，比喻三公之位。《春秋》载：“树槐听讼其下。”可见，在中国传统文化的叙述中，古槐不只象征着国士，还意味着公平、正义的朝政与司法等理想的社会管理平台。《中朝故事》描述道：唐长安承天门大街西侧的槐树次第排列成行，犹如官署中当差的衙役一般，因而被称为“槐衙”。不仅在城内，由长安通往各地的大道两侧，遍植槐树，称“官槐”。另据《唐国史补》所述，不只长安城内，就是郊外或更偏远的地方，植槐成风，历代沿袭。在渭河平原，也是“东西列植，南北成行，辉耀秦中，光临关外”。今天，邻近西安的兴平市，就是林慎思那个时候的“槐里”，也就是他的著书立说之地。

他以槐里作为大本营，以文会友，许多文人骚客慕名前往饮酒赋诗、品茗唱和。此外，林慎思日夜精读研习，用尽心思，《儒范》七篇终于出炉了。那一刻，当他看到倾注着自己心血的文章，难以按捺激动的心情，兴奋得睡不着觉。只可惜文章陈旧、深奥，没有几个人看得懂，也不明白里面的道理。

有一天，林慎思送走最后几位客人后，已经是深夜了。这时，他刚刚躺下就做了一个奇怪的梦，醒来之时心事重重。翌日一早，林慎思急急忙忙地前往长安城里最著名的道观青华宫，求教一位德高望重的老道长。热心的老道长口中念念有词一番后，帮他筮得“蒙之观”。曰：“伸蒙入观，通明之象也。”林慎思听了，似乎心中有所领悟，从此自号“伸蒙子”。

这期间，许多名士如御史吉文、翰林都尉董慈、淮东文江钱伯厚、晋安武议郎杨顺忠、校议尉苏伯陆、中武大夫吴杼等人均

与林慎思相友善，且经常往来唱和，切磋诗文。比如唐御史吉文赠诗：

吉文诗

石磴穿云远，柴门倚树攲。
地幽人到少，山暝月生迟。
猿鹤时为侣，琴樽日共期。
知君慕高洁，非是傲清时。

长长的石阶穿云而入，柴门斜倚着树歪向一边，此地清幽人迹罕至，连月亮也升得迟些。与猿猴仙鹤时时相伴，弹琴饮酒日日悠然自得。您呐，不是高傲自负，而是在追求清高脱俗的品行啊！

这里是诗人赞扬林慎思人品清高脱俗，不贪慕虚名利禄。

董慈诗

茅茨居止僻，习静颇相宜。
身与尘嚣远，心将俗虑遗。
泉声生石枕，山色入书帷。
努力存斯志，无令涧壑疑。

您喜欢住在僻静的地方，远离尘嚣俗事，在房间中即可感受大自然的山色水声。要牢记您自己的理想信念，不要让溪涧山谷怀疑您的志向。

此诗描写了山居生活的乐趣，可以让人忘却俗事纷争。但作者与林慎思一样，心中仍有追求高洁志向的理想，告诫自己与朋友，不能因贪图自然风光而忘却自己的初衷。

钱伯厚诗

久耽尘外趣，林壑住经年。

永日抛书坐，芳春带酒眠。

山深时下鹿，涧远于闻泉。

欲识幽居乐，心闲境自偏。

往昔沉迷于俗世，这几年住在林间谷地，整日读书，春日醉眠，常闻深山涧间的小鹿跳跃、山泉叮咚，要想体会这幽居之乐，那就要“境由心生”，内心悠闲自得啊！

此诗化用李白“树深时见鹿，溪午不闻钟”以及陶渊明“心远地自偏”的诗句，表达了作者与林慎思引以为傲的孤独境界及超然世外的悠然自得。

杨顺忠诗

早岁谢浮名，深居惬隐情。

寸心能不扰，万籁自无声。

日落孤云度，山空一鸟鸣。

不须方外去，聊此乐余生。

“孤云”意指单独飘浮的云片或者比喻贫寒或客居的人。早年的时候谢绝了尘世的虚名，满足地隐居在深山老林。内心不受微小俗事所扰，身边的万物自然清静无声。日落时一片孤云飘过，空山里传来一声鸟鸣，此处如此空寂，不需另寻世外之地即可乐享余生。

这首诗歌表现出一片宁静的氛围，借助于自然界中孤云、鸟鸣，表现了林慎思等人归隐山林、不羁俗事、崇尚自然的情怀。

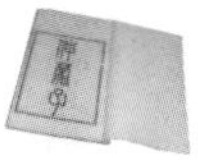

苏伯陆诗

闻君卜筑稠岩阿，
静裹身闲意自和。
独鹤孤云那有迹，
寒潭止水迥无波。
已甘野饭饶藜藿，
谁料天书下薜萝。
从此金门鸣佩好，
不知林下近如何？

吴杼诗

石岭三峰上，山居水木繁。
稠岩分秀巘，千嶂绕衡门。
地僻人稀迹，林幽远世喧。
绿萝底户外，黄叶拥篱根。
宛转疑磐谷，栖迟彷葛浑。
晚来云近榻，夜久月当轩。
境寂唯闻鸟，山深但啸猿。
闲中无物我，静里有乾坤。
适兴柴桑侣，游心竹素园。
机忘偏得意，道在竟何言。
自谓身将隐，人知业已敦。
鹤书曾赴陇，从此接飞腾。

天书：帝王的诏书。

薜萝：薜荔和女萝，两者皆野生植物，常攀缘于山野林木或屋壁之上，这里指隐者或高士的衣饰，亦引申指隐者或高士的住所。

鸣佩：指佩玉，比喻出仕。

林下：幽僻之境，指退隐或退隐之处。

衡门：简陋的房屋，借指隐者所居。

鹤书：指古时用于招贤纳士的诏书。

林慎思在攻读之余还与几位好友辩论兴亡，议陈古今，“或引事以明理，或擒才以润辞”，录有近万言。

咸通六年（865年），林慎思经过夜以继日发愤写作，终于撰成《仲蒙子》。其所言为“尧、舜、禹、汤、文、武之行事”。自序曰：“如有用我者，吾语其施，吾学其行乎。扬雄谓‘后世有扬子云，当知吾《太玄》’，安知后世不有林虔中者出，吾言迂乎哉。”《仲蒙子》一书“采前世君臣事迹，设为问答，以辩治乱之道”。文章借古喻今，气魄雄放。“通书大旨纯正，讲明乎诚意正心之学”。议论明切，自成“一家之言”。

《仲蒙子》

《仲蒙子》是一部颇有特色的儒学专著，该书虽然篇幅不长，但内容颇有新意，深受后人重视。因为林慎思对儒学的贡献，《新唐书》《宋史》《崇文总目》《通志》《直斋书录解题》《经义考》《四库全书总目》等均有其名。只可惜生逢乱世，书稿几近散佚，幸由宋元之际的孙元复偶得，视若珍宝倍加推崇，刊行于世，才得以流传至今。从《自

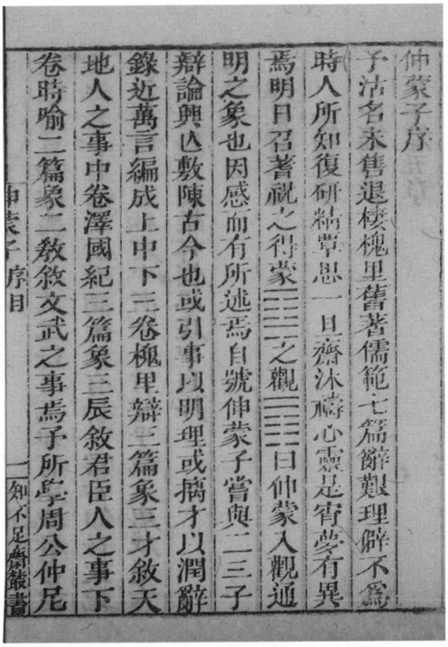
仲蒙子序
予沽名永售退棲槐里舊著儒範七篇辭艱理僻不爲
時人所知復研精覃思一旦齋沐禱心靈是宵夢有異
焉明日召蓍祝之得蒙䷃之觀䷓曰仲蒙入觀通
明之象也因感而有所述焉自號仲蒙子嘗與二三子
辯論興亾數陳古今也或引事以明理或摘才以潤辭
錄近萬言編成上中下三卷槐里辯三篇象三才敘天
地人之事中卷澤國紀三篇象三辰敘君臣人之事下
卷時喻二篇象二教敘文武之事焉子所學周公仲尼
仲蒙子序目 一 知不足齋叢書

《仲蒙子自序》

序》可知，该书成于“大唐咸通六年二月四日”，林慎思在这部著作中直接立论，提倡古为今用，注重实践，具有经世致用的性质，与空谈理论之书明显不同。关于它的著述旨趣，首先可以从其《自序》发现：

旧著《儒范》七篇，辞艰理僻，不为时人所知。复研精覃思，一旦斋沐祷心灵，是宵梦有异焉。明日召著祝之，得蒙之观，曰伸蒙入观，通明之象也。因感而有所述焉，自号伸蒙子。

这就是林慎思自号和书名的来历记载，我们从中也可看出，《伸蒙子》著述原因主要有两个：第一是阐释《儒范》之义；第二是探讨古今兴亡之道，为统治者提供经验与教训。

从《伸蒙子》中亦知道，林慎思紧紧抓住了为唐朝统治者服务这一中心，以反思历代历史为重点，形成一个比较有系统的体系，符合其“辩论兴亡，敷陈古今”的特色。《伸蒙子》开篇说道：

干禄先生问：“王道兴衰由天之历数，有诸？”伸蒙子曰：“非天也，人也。”曰：“星有妖祥，天所示也，不使妖见唐虞，祥呈幽厉，岂非天职？兴衰不乱亦妖祥均耶？”曰：“里有良吏暴吏，损益于民也，

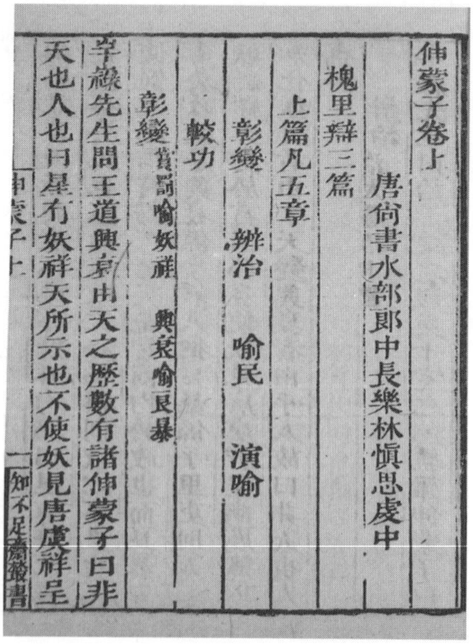
伸蒙子卷上
唐尚書水部郎中長樂林愼思虔中
槐里辯三篇
上篇凡五章
彰變 辨治 喻民 演喻
較功
彰變 首明喻妖祥 興衰喻良暴
干祿先生問王道興衰由天之歷數有諸伸蒙子曰非
天也人也曰星有妖祥天所示也不使妖見唐虞祥呈
伸蒙子上 一 知不足齋叢書

《伸蒙子》书影

不由牧政之心焉。然则政之不乱也，不使罚及忠信，赏归苛酷矣。是赏罚均于政也，而良暴岂由于政哉！是兴衰系乎君人，犹良暴系乎里吏，则天示妖祥顾非均于赏罚邪。岂使妖见唐虞，祥呈幽厉欤，则知化妖祥者由乎天，变兴衰者由乎人。”故曰：“非天也，人也。”

干禄先生认为历史兴衰在于天之历数，而伸蒙子则反对这种观点，认为兴衰系乎人，尤其是君主，体现出林慎思注重人事的观点，这无疑是进步的。此外，还有很多类似的观点，这些都会在他的政治思想中予以详细说明。

《伸蒙子》全书近万言，分上中下三卷，因著书于槐里，将全书分为“槐里辩”“泽国纪”“时喻”。上卷《槐里辩》以《彰变》《辩治》《喻民》《演喻》《较功》五章为上篇；以《演圣》《喻时》《全明》《迁善》四章为中篇；以《明化》《广贤》《较仁》《持危》《利用》五章为下篇，乃“象三才，

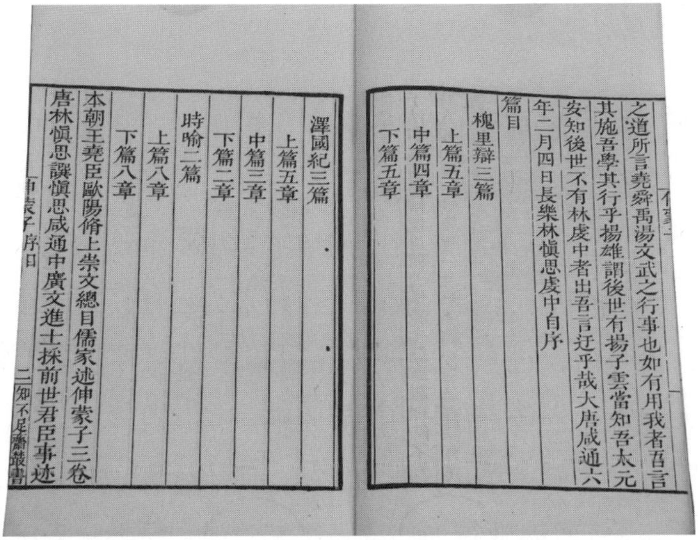
之道所言堯舜禹湯文武之行事也如有用我者吾言
其施吾學其行乎揚雄謂後世有揚子雲當知吾太元
安知後世不有林虔中者出吾言迂乎哉大唐咸通六
年二月四日長樂林愼思虔中自序
篇目
槐里辯三篇
上篇五章
中篇四章
下篇五章
澤國紀三篇
上篇五章
中篇三章
下篇二章
時喻二篇
上篇八章
下篇八章
本朝王堯臣歐陽脩上崇文總目儒家述伸蒙子三卷
唐林愼思譔愼思咸通中廣文進士採前世君臣事迹
伸蒙子序目
知不足齋叢書

《伸蒙子》篇目

叙天地人之事”。中卷《泽国纪》以《辩刑》《合天》《去乱》《镜旨》《鉴旨》五章为上篇；以《演忠》《明谏》《辩惑》三章为中篇；以《分贤》《彰明》两章为下篇，乃“象三辰，叙君臣人之事”。下卷《时喻》以《明性》《刺奢》《显防》《伺难》《治难》《审类》《远化》《讥惑》八章为上篇；以《由天》《警惑》《辩功》《慎名》《指常》《指公》《讽失》《书误》八章为下篇，乃“象二教，叙文武之事”。林慎思在上卷设为干禄先生、知道先生、求己先生问答。中卷设为弘文先生、如愚子、卢乳子问答，采用前代君臣事迹，运用一问一答的形式，直接立论，阐明自己的观点，下卷则以寓言的形式自抒己说。

总而言之，《伸蒙子》体例明晰，或者以事申论，或者直接阐述自己的观点，内容非常丰富，充分表达了“予所学周公、仲尼之道，所言尧、舜、禹、汤、文、武之行事也”。

《续孟子》

此外，林慎思勇于创新，富有开拓精神，于咸通七年（866年）又完成了第二部著作《续孟子》二卷，继承儒家传统，发展了孟子的思想，进一步发展了自己的学术思想。他认为尧、舜、周、孔之道，至孟轲斩而不传，故以继往开来为己任，抗志续孟，倡言仁义，以治时病，进一步发展了孔孟儒家思想。他一生崇尚儒家学说，认为儒家学说是治国的指导原则，“其言式万代，其政训百王，譬日月不可掩，山川不可迁也”。他还认为，君王与官吏的奢侈、酷暴、荒淫等腐败行为违背了儒家学说，是导致亡国的因素。

《续孟子》

他处处以是否符合儒家学说来衡量人们的行为，但却不死守儒家信条。后来他出仕做官，不论是升迁，还是被贬黜，为官一任，造福一方；为国家为百姓立功、立德、立言，被后人誉为“吾闽千古不朽之高士”。

文献记载，唐代研究孟子的专著有两部，就是刘柯的《翼孟》和林慎思的《续孟子》，《翼孟》一书现已散佚，只有林慎思的《续孟子》流传下来，可以说弥足珍贵，其名载于《宋史》《崇文总目》《通志》《遂初堂书目》《玉海》《文献通考》《四库全书总目》等。

林慎思为什么要撰写《续孟子》呢？他在书前作了简单的序予以说明：

> 《孟子》书先自其徒记言而著，予所以复著者，益以孟子久行教，言不在其徒尽矣，故演作续孟。

由此可知，林慎思认为《孟子》是孟子的学生们所撰，不能完整准确地表达孟子的观点，有许多不合圣道的地方，因此必须对《孟子》续而演之，以期真实准确地传达孟子思想。实质上也是林慎思出于维护封建统治秩序的目的，在传承孟子思想的基础上，加入符合时代要求的思想内容，阐发自己的各种主张。

其实，任何一本书的形成，绝非偶然，而是诸多因素综合作用的结果，《续孟子》的面世，也与唐宋之际的一场“孟子升格

运动”有关。

唐代以前，孟子的地位一直不高，这种情况到了中唐以后开始发生了微妙的变化，孟子其人其书的地位逐渐上升，到了韩愈更是把“孟子的名字升到孔子之后”，和林慎思同时代的皮日休完全继承了韩愈的思想，十分推崇孟子，把《孟子》作为单独的一经提出，掀起了一股孟子研究热潮。《续孟子》一书便是在这样的背景下应运而生。

《续孟子》编纂体例、语言风格都承袭《孟子》，全书分上下两卷，共十四章。每章的篇名均摘自文章开头的几个重要词语，并无特别含义，且均以人物为题，依次为《梁大夫一》《梁襄王二》《乐正子三》《公都子四》《高子五》《公孙丑六》《屋庐子七》《咸丘蒙八》《齐宣王九》《万章十》《宋臣十一》《庄暴十二》《彭更十三》《陈臻十四》等。

显然，《伸蒙子》与《续孟子》凝结着林慎思的心血。二书说理精辟，言简意赅，无论是著述旨趣还是编纂体例，都独具特色。《伸蒙子》是他采前世名医事迹，设为问答“以辩治乱之道”。写《续孟子》的目的是进一步发展儒家思想，倡言仁义，以治时病。

毫无疑问，林慎思在槐里殚思竭虑，写下了《伸蒙子》与《续孟子》两部著作，阐发传统孔孟儒学，“继往圣之绝响，开后学之聋瞽，振百世之文教，为闽中之邹鲁”。

据《四库全书总目录提要》所云：“《伸蒙子》三卷，唐林慎思撰，氏以《易林》自筮，得蒙之观，曰：伸蒙入观，通明之象也，因自号伸蒙子。”如何理解这几句话呢？

首先，《周易·蒙卦》为：“蒙：亨。匪我求童蒙，童蒙求我。初筮告，再三渎，渎则不告。利贞。”我们知道，“蒙”是蒙昧、幼稚的意思。引申为启蒙、教育。万物生成之后，进入蒙昧状态，启蒙教育就成为当务之急。为什么称之为“蒙”卦呢？还可以从卦体上看，上卦为艮，是山；下卦为坎，是水。象征山下有一股泉水刚从地底冒出来。它不清楚外面的情形，又没有现成的沟渠可循，不知流向何方，正处在暗昧不明的状态。《易经》中的《蒙卦》历来被看作是我国教育思想的滥觞。林慎思要“伸蒙”，就是要发扬从《易经》到孔子再到汉唐的教育思想。

其次，“氏以《易林》自筮，得蒙之观，曰：伸蒙入观，通明之象也，因自号伸蒙子”可以翻译成：“他按照《易林》这本书自己进行卜筮揣摩，体会到对‘蒙’卦的正确的看法。”就是说：“从‘蒙’卦入手进而领会到教育的真谛，我的思想渐渐呈现连贯清晰的境界，因此自号‘伸蒙子’。”

在那动乱的年代，林慎思的《续孟子》《伸蒙子》是过渡的桥梁，是宋代理学崛起的先声，也是研究林慎思思想最根本的资料和依据。《八闽通志》《福建通志》《福州府志》《长乐县志》《四库全书总目录提要》中都有记载，称林慎思为“八闽儒林中的一株秀木”。

儒学思想

《续孟子》完全按照《孟子》一书的写法，即采用对话体论辩文的写法，用设问的方式来写。文章讲究谋篇布局，对话的技巧趋于圆熟，且能熟练运用逻辑推理，能揣摩对方心理而因势利导；畅述己见，气势充沛，回环流畅；运用辩术，犀利善辩，引逗擒纵，进逼反驳，令人心服；善用比喻，生动易懂。其主要内容还是讲“仁”和“义”。

何谓“仁”？“仁”就是“爱人”“泛爱众”。何谓“义”？“义”就是“正义”“气节”，行为思想符合一定的标准，重视修身、齐家、治国、平天下。

自幼接受儒家教育的林慎思，在《续孟子》卷上《梁大夫一》里采用对比的手法阐明仁义。一开始，梁大夫就问孟子说：“我听说老师教大王远离私利而换来仁义，有这事吗？”孟子回答说：“有。”梁大夫说：“我家附近有个人，看到路上有受冻挨饿的人，虽然不是他的亲戚也去救他，还脱下自己的衣服给他穿，自己不吃而让他吃。到了自己受冻挨饿几乎要死时，就是他的亲人也不去救他，这是为什么？”于是，孟子就对仁义发表议论说：“这是大夫跟大王一样重视利益而轻薄仁义的缘故，用厚利率领百姓，那么百姓就会争相贪欲，如果就你一个人坚持仁义，那么当然也就不能保全自身了。”接着，孟子用过去楚国靳氏父母用毒酒害人和孺子救人的故事说明上述道理。然后论证说：“大夫苟能与王移厚利之心而在仁义，移薄仁义之心而在利，则上下移矣。然后仁义非盗而有也，欲人不容，其可得乎？”最后引用《易》的话说：“立人之道，曰仁与义。”

由此可见，林慎思继承孔孟之道，是位儒学思想家。

《续孟子》其他十三章也都巧妙地论证儒家的主张。《梁襄王二》强调礼仪，说明礼仪的重要。袒肤不为敬，缩臂不为恭。

“不遑以容仪为务，使上下无仪矣”。《乐正子三》体现了孟子的民本思想，君“耽酒嗜音”，如果以此“与民同之”，就好比“易禽于笼，移渔于沼也。使民且恐且惧”，哪有时间与君主一样沉溺于饮酒和嗜好音乐呢？那么什么才是“与民同”呢？“均役于民，使民力不乏；均赋于民，使民用常足”。这是孟子的爱民思想，至今仍然弥足珍贵，仍然闪闪发光。《高子五》说：“先有执雅乐之器进于王，王始重之，使奏而未尝乐也。后有执靡声之器进于王，王始轻之，使奏而未尝舍也。”但是，雅乐之乐，王虽未弃，但终不能用，还会得罪于王，所以孟子要离去。《公孙丑六》说孟子不信昼人之言，“周防其身”。《续孟子》卷下《咸丘蒙八》说：“取庶人之穷以处舜，则使舜无怠矣；命瞽叟之恶以化舜，则使舜无怨矣。”“所以舜有大孝之名，由瞽叟化之；瞽叟有不父之名，由天显之。”《齐宣王九》中，孟子回答如何辨别忠贤和邪恶时说：“用之而已矣。”“贤不肖在王之左右诚久矣，进退以恭，言容以庄，目之于外。”实在难以区别是贤，还是不肖？但“禄以诱之，劳以处之，索其内然而后辩矣”。如果不使用，那么就难区别了。这里饱含朴素的唯物主义实践论的观点。《宋臣十一》里告诉我们安抚百姓的办法。宋臣认为：民未歉而赈，不使民歉；未寒散帛，不使民寒，这就是安抚百姓的办法。孟子不以为然，认为应学鲁民采薪，先远后近，那么天下之薪尽，则我家之薪存焉！孟子教民勤劳，如果“民惰则何取乎”？《庄暴十二》告诉我们不“私一家之仇，而忘天下之患”，举“鲧遭舜殛，禹受舜禅”的例子加以说明，极为贴切，说明不为私而是为公也。《彭更十三》体现孟子的辩才。善

医被疑，善相被贱，孟子仍诲而不倦：“吾非不仁之人，安能忍其害生，不导之而出邪？”难道“同医相之心，而怀其利乎？”《陈臻十四》更能说明仁政之心：“以其大而举之，不以其小而废之也。尧之仁也，化天下皆如尧之仁矣。”真是以正人心为己任。

《伸蒙子·自序》说：“尝与二三子，辩论兴亡，敷陈古今也；或引事以明理，或擒才以润辞；录近万言编成上中下三卷，槐里辩三篇，象三才，叙天地人之事；中卷泽国纪三篇，象三辰，叙君臣人之事；下卷时喻二篇，象二教，叙文武之事焉。予所学周公、仲尼之道，所言尧、舜、禹、汤、文、武之行事也。”这里把《伸蒙子》的主要内容说得非常清楚，仍然没有脱离儒家的“仁”“义”的内涵。

《伸蒙子》主要内容与《续孟子》一脉相承，但《伸蒙子》有的篇章有副标题，论述范围更广，更为精细，更为有力。林慎思接受儒家的教育，继承儒家的思想，在实践上，他以身殉国，在理论上，他有所发展。主要表现如下：

第一，既靠老天，更靠人力。在《伸蒙子》第一篇《彰变》中借干禄先生设问：“王道兴衰，由天之历数，有诸？”伸蒙子明确回答：“非天也，人也。”“知化妖祥者由乎天，变兴衰者由乎人。故曰非天也，人也。”在这里十分明确强调人的作用。在《辩治·治大易治小难》中他认为“治大以智，治小以力。智役众人，力穷一身”，既强调人的作用，还强调人的智慧的作用。《喻民·古今化民难易》中，伸蒙子认为“今人易化”，当然这也是人的力量。

在《合天·儒道万世不泯》中认为秦朝在很短的时间内就灭亡，是“天亡之也”，“秦焚书，是自焚矣；秦坑儒，是自坑矣”，“故曰秦之亡，天也”。这里说的“天”，是指自然规律，更指人心民意，“儒道万世不泯”，因为秦不行儒道，故亡；这里是强调行儒道的重要，但又超越儒道的内核。

第二，既要施恩，但“用刑为最”。儒家的政治思想主要有三点：一是为政以德，二是君主集权，三是反对个人独裁和大臣专权。儒家强调道德在政治上的作用。《论语·颜渊》中说：“政者正也，子帅以正，孰敢不正？”意思是说，政就是端正的意思，你带头端正了，谁还敢不端正。要求统治者在道德上做出表率，这确实有深刻的意义。孔子主张“仁”，即“泛爱众”，就是广泛爱人。孟子主张“省刑罚，薄税敛”。孔子也没有绝对反对用刑，即“道之以政，齐之以刑，民免而无耻”。

林慎思对施恩教化工作极为重视，但他对教化有自己的看法。在《伸蒙子·迁善》中说：“先生闻良马有害人乎？良御必能维挚以驯服伏其性也。闻猛虎有啖人者乎？武士安能囚服伏其性耶？太甲不肖，犹良马也，伊尹可维挚以迁于善也；桀、纣不肖，犹猛虎，龙逄、比干岂可囚拘以迁于善乎？”他把人分成两类：一如良马，一如猛虎；良马可以驯服其性，猛虎则难矣！所以他赞赏孟母择邻三迁，他提出“人之善恶，随化而迁”，这是他以德化民的看法。此外，在《伸蒙子·辩刑》中，他认为“有道之君刑峻”。在《伸蒙子·利用》中，他设问：“治民之用恩刑，恩刑之利孰最？”伸蒙子曰：“刑最。”他认为“下之恶者，苟刑责不及，孰可制其恶哉？是知治民用刑为最”。对某些

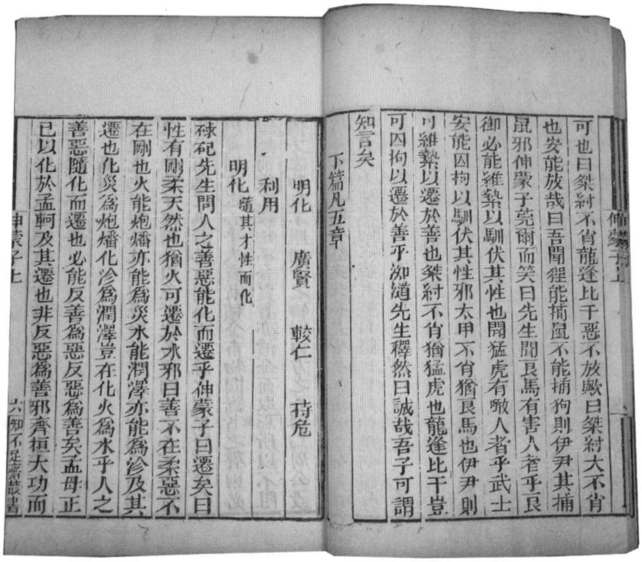
伸蒙子上
可也曰桀紂不肖龍逢比干惡不放歟曰桀紂大不肖
也安能放哉曰吾聞狸能捕鼠不能捕狗則伊尹其捕
鼠邪伸蒙子莞爾而笑曰先生聞良馬有害人者乎良
御必能維縶以馴伏其性也聞猛虎有噉人者乎武士
安能囚拘以馴伏其性邪太甲不肖猶良馬也伊尹則
可維縶以遷於善也桀紂不肖猶猛虎也龍逢比干豈
可囚拘以遷於善乎洌道先生釋然曰誠哉吾子可謂
知言矣

下篇凡五章
明化　廣賢　較仁　荷危
利用

明化　隨其才性而化
硋砨先生問人之善惡能化而遷乎伸蒙子曰遷矣曰
性有剛柔天然也猶火可遷於水邪曰善不在柔惡不
在剛也火能炮燔亦能爲災水能潤澤亦能爲沴及其
遷也化災爲炮燔化沴爲潤澤豈在化火爲水乎人之
善惡隨化而遷也必能反善爲惡反惡爲善矣孟母正
已以化於孟軻及其遷也非反惡爲善邪齊桓大功而
伸蒙子上　六　知不足齋叢書

《伸蒙子》书影

恶劣的人，如不用刑，怎能制服他呢？

由此看来，林慎思既推崇儒家的德治，又十分赞赏法家的法治。这是根据当时的实际情况而提出的，他是个实干家，后来，他治理的万年县庶民百姓多感其恩。

第三，分析独特，看法辩证。林慎思对许多问题有自己独特的看法，分析起来也很独特，符合辩证的观点，说服力强。例如《伸蒙子·镜旨》一文中假设宏文先生发问，“秦有宝镜，照人肝胆”，那么后代帝王若用此镜去照不廉不忠的人，岂不是都显出来了。伸蒙子说：“不然。是镜，凶镜也，于秦为不忠甚矣。斯由之父子，高乐之翁婿，哀凶鞠顽，怀谖饰诈，朝夕出入宫廷之内，其为不廉不忠孰甚焉？而是镜不能照其奸伪之一毫，则是凶镜也，有何以取于后代乎？”接着又分析说：“秦尚法律，焚诗书肆虐于人上，危亡之不暇矣。何况当时贼盗阻山，义兵四起，天下族谋以亡秦！但是这个镜还不能照出，真是不忠得很。”最后发出感叹说：“秦负镜哉！镜负秦哉！”

这样写，看似独特，实乃正常！

再如《伸蒙子·明化》说到人的善恶变迁时，他认为“善不在柔，恶不在刚”，他举“火”和“水”为例说：“火能炮燔，亦能为灾；水能润泽，亦能为沴。”既说到水和火对人们的好处，也说到对人们的害处，即火能用来做饭做菜，烧制佳肴，也会烧焚成灾。水也是如此，人性也是如此。看法貌似独特而不独特，说法辩证，看到事物的两面。

第四，观点实际，兼容并蓄。林慎思对许多问题的分析都有独到之处。《伸蒙子·演圣》对孔子的评价极高，他说：“仲尼之道，高大无穷焉，亘万代而乃容，非一时之能容矣。”当时“仲尼不得封楚”，他说出“亘万代为容”的至理名言。是的，仲尼的仁政爱人思想“万代”后的今天仍有现实意义。

林慎思在《伸蒙子·全明》中说：“仲尼日月也。”但他又非常实际，在《伸蒙子·明性》中他认为“演先王之教，不得人之乐者，教难行也”，由此可见他十分注意民众的实感和民众的心理。

在《治难》中说，一个有异术的人能变寒为暑，变石为金，变土为银。这些“外物荣枯贵贱”能变，而自己的荣枯贵贱就不能变了。为什么呢？他引申说：“治外物之易，而治己身之难也。今有人行文行忠信之道，能言于人而不能行于己。”最后归结到“巧妇之手，不能饰丑为容；壮夫之力，不能拔贱为贵”。这些看法都很实际。

当然，林慎思也看到个人能力的局限性。在《伸蒙子·远化》中说：“日月之照……而瞽者不被日月矣；雷霆之震……而聩者不戴雷霆矣。圣人以恩信临人，岂得昧于天下乎？盖习叛者瞽于恩信也。刑法示人，岂得默于天下乎，盖盗者聩于刑法也。”最后发出“岂恩信刑法能化乎”的感叹。他不盲目歌颂儒学王道的作用，也知道刑法不能使所有的人畏惧。事物的变化不以人的意志为转移，确有出乎意料的事情发生。他在《伸蒙子·讽夫》中说：“斯不亦用去害而为害，化利而失利欤？”这是指腐败到顶的官僚机构办事的特色：去害而为害，化利而失利，办不了什么好事。

林慎思吸取儒家的精华，培养自己高尚的情操；他兼容并蓄，从现实中吸取营养，不囿于单纯的儒学范畴，赞同法治，又很欣赏道家的祸福相依的辩证思想；在理论上他深入研究探讨，大胆阐发；在实践上他勇于杀身成仁，壮烈殉国。这是儒学造就了林慎思的学识，时代磨炼了林慎思的意志，危难检验了林慎思的气节，使其成为“吾闽千载不朽之高士”。

教育思想

林慎思十分关注教育，始终把教育放在重要的地位。他的一些观点非常深刻，在当时算是比较开明先进，直到现在还有借鉴意义。

竭力维护和宣扬儒家以“仁”“义”为核心的伦理道德教育的林慎思，认为“仁义礼智”乃是立国之基，不可一日而废，“顺之者昌，逆之者亡”。他以六国破灭及秦亡的教训为例，阐述绝弃仁义礼智之祸。他认为，六国之所以破灭，是由于当时六国“已亡仁义，唯尚战争，故天下大乱……天俾秦并而一之”。而秦的短命也在于它“姗笑先王，绝弃礼法，悉举而燔之，使天下之人，横目蚩蚩，无知识，无防节。是日月晦蚀，山川崩裂，天怒人怨，有灭亡之形”。秦不肖仁义礼智，绝弃儒学儒教，其结果是自取灭亡。他说，秦焚书坑儒乃逆天而行，必遭天的惩罚。“世未有合天而亡，逆天而存者”，“秦焚书，是自焚矣；秦坑儒，是自坑矣！”林慎思在这里用天意论来阐明儒家名教的合理性、唯一性以及它在治国安邦中的重要作用，这也是他假托孟子之言，以古讽今，对当时的统治阶级就利轻义行为的警告和对道、玄之学所主张的“越名教”“绝圣弃智”思想的有力批驳。

针对唐王朝日趋衰落的严重形

越名教而任自然是嵇康、阮籍提出的哲学美学命题，意指超越儒家的各种伦理纲常束缚，任人之自然本性自由伸展。

绝圣弃智，指把头脑中的权威概念消灭掉，让自己不迷信任何人的观点，抛弃自作聪明自以为正确的主观性见解。出自《老子》第十九章：“绝圣弃智，民利百倍；绝仁弃义，民复孝慈；绝巧弃利，盗贼无有。”

势，林慎思认为，要摆脱危机局面，根本出路在于重振儒学、大兴仁义礼智之教。他说《易经》说得好：“立人之道，曰‘仁’与‘义’。”《诗经》也说：“敬慎威仪，维民之则。”如果天下上自天子大臣，下至黎民百姓，都崇仁义礼智，特别是君王或大夫，如能率先知礼、执礼并以礼教化庶民，使天下人都知仁义，循礼法，那么国家、社会就会长治久安，人民就会安居乐业。否则，若君臣无知无礼，以利化民，民争贪欲，四海必会溃乱。所以，林慎思主张，要安定社会、强盛国家，就应坚定不移地立儒学、尊儒术、兴儒教，同时还要批判和清除异端邪说，以确保儒家思想一统天下的地位。他说，法、道、玄、佛各家之说，虽名曰拯救社会，但其实质却“去害而为害，化利而失利”，不仅无增社会之利，反而加剧社会之弊，故应摒弃。

可以看出，林慎思的安邦定国方案同董仲舒的“罢黜百家、独尊儒术”如出一辙，他们都把儒家学说视为巩固专制统治、摆脱社会危机的思想武器，他们不可能找到正确的道路，就林慎思而言，他的主张显然是带有保守性。

然而，孔子以来，关于人性以及人性本质问题一直争论不休，并形成了不同的观点。林慎思在这个问题上虽未有什么新的见解，但他对人性与教育的关系问题的认识还是较深刻的。

首先，林慎思肯定了人的力量及人在社会发展中的作用。他认为，王道兴衰，不由天而由人，即世道的治乱，不是天决定的，而是人为的结果。他说：“变兴衰者由乎人。故曰，非天也，人也。”也就是说，人是改造自然、社会和变革社会的主体。在此，他肯定了荀子的“人定胜天”的思想，不过，在社会历史观上，他又向前跨出了一步，结果陷入了唯心主义泥潭。他认为，既然社会之兴亡完全是人为的，那么，要使天下太平、国富民强，关键在于要有明君忠臣来统治，“善人多，则天下治”。显然这是错误的。但林慎思否定了天的作用，否定了自然的神力，承认人在自然面前的主宰地位，这与道、玄之学的“无为”观是对立的，有积极作用。

其次，林慎思持人性的善恶二元说。他认为，在群体中，有善人与恶人之分；在单个人身上，有善性，也有恶性。不过，人的品性中，善恶程度不同，有的人善性多，有的人恶性多。同时，人性善恶也不是一成不变的，在一定条件下是可以转化的。这个条件，就是环境和教育。他说：“人之善恶，随化而迁也。”环境与教育，既能使人“反恶为善”，也能“反善为恶”，一个人是向善的方向发展还是向恶的方向发展，取决于环境、教育的性质与内容。以“利欲”化人，必使之“反善为恶”，而“易厚利就仁义”，人必“反恶为善”。可见，教育和环境在人的发展中起决定作用。

在这里，林慎思进一步强调了儒学教育在发展人的善性、改变人之善恶中的重要意义。林慎思还认识到，环境与教育在人的发展中虽然起决定作用，但这种作用不是机械的，必须在充分发挥人的主观能动性的前提下才能发挥出来。他以伊尹放太甲而龙逢、比干不放桀纣为例说明此道理。他说，伊尹之所以放太甲，给他改恶迁善的机会，而龙逢、比干不放桀纣，不给他们弃恶从善的机会，是因为“太甲始立不肖”“桀纣大不肖也”。即是说，太甲虽有不善，但他内心尚有从善的愿望，而桀纣从恶成

性，根本没有从善的意愿，所以，前者可教化，后者不可教化。既然教育受人的主观能动性的制约，那么，在具体施教过程中，教育者就要考虑到受教育者的主观意愿、需要、兴趣，调动他们的积极性。他说：“不得人之乐者，难教行也。”也就是说，只有充分调动学习者的积极性，使之对教育充满乐趣，才能收到良好的教育效果。

林慎思还注意到了人性善恶与人性的刚柔二者的区别问题。他认为，性格勇猛刚烈，本身并不是恶，也不意味着必然从恶；性情柔顺未必就是从善。“善不在柔，恶不在刚”，刚、柔二者都可能从善或从恶，也就是说，人的品德与人的性格没有必然联系，绝不能在品德与性格上画等号，以为性格刚烈就是品行不好、文静柔雅就是品行端纯。他的这种认识是相当正确的，指出了判断品行的标准，即只能从其行为上察其是否有违仁义礼智，而不能以性格好坏作为准绳。

再者，林慎思以发展的观点阐述了人的可教化性和易教性。他认为，教育在人的发展方面起决定作用。至于说古人、今人可化程度，林慎思认为，与古人相比，“今人易化”。他说，古人之性虽朴，却静止不动，难以教化和改变；今人之性虽诈，却流动可变，易于教化。他打个比方说：“止，犹土也；流，犹水也。水可决使东西乎？土可决使东西乎？”即是，水之性动，易导；土之性止，难化。今人比古人更易于接受教育，对他们应施以仁义礼智之教，这就从人性发展的角度肯定了教育的作用和儒家学说的教育功能。

关于古人之性和今人之性的性质判定和对比产生的结论，林慎思有主观臆断成分，缺乏充分的论证，他持此说的目的只是要证明儒学教育的合理性。

平世显功，乱世守道。林慎思十分仰羡禹稷、颜回等人，说他们是真正的贤人君子。因为他们“居平世而显其功”，“居乱世而守其道”。平世显功，就是在太平盛世能为人们做有益的事；乱世守道，就是身居乱世而恪守信念，矢志不移。

林慎思认为，就一般人而论，要达到上述目标并非不可攀。只需从点滴做起。平世显功，要求人们积德行善，一辈子做好事。他说，一个人一辈子做好事，行善道，他的这种功绩可能一生也不被人所知，可当他一旦做了件恶事，就会众人皆知，身败名裂。因此，要成为君子，不要担心别人不知自己在行善事，要时刻从善。他说：“终身为善，而善未必闻，卒有一恶归之，则为善之名败矣。”

关于乱世守道方面，林慎思有两个主张：

一是意志坚定，表里如一。林慎思认为，一个有修养的人，一个道德高尚的人，在有利的条件下能恪守善道，“进退不违规矩”，而在环境恶劣的情况下，也不改其志。他认为，考察一个人德行是否从善如一，不能只看他在顺境下的表现，还要视其居乱世逆境下的思想和行为。林慎思尤为注重后者。他认为，逆境出人才，只有经得住逆境考验的人才能成为真正的贤人君子。

所以，林慎思主张要培养君子之德，应把人置于艰苦的条件下去磨炼意志，而不要为他创造多么优越的环境，否则，“身先贵，则何以育兆人乎？”“心先安，焉能成大化之节”。他以舜的成长为例指出，正是艰苦的生活磨炼了舜的品德和人格，使之

成为圣人。“取庶人之穷以处舜，则使舜无怠矣；命瞽叟之恶以化舜，则使舜无怨矣”。在乱境中无怠无怨，是守道的重要标志。

二是能抵利禄、权势之诱。如果说前一点主要考察在逆境下的意志信念的话，那么，这里主要谈的是优越条件下人的表现问题。他说，乱世中人往往追求利欲和权力，而追求权势与物欲又使世事愈加害乱。君子之德，就在于能抵住权势和物欲的诱惑。所以，林慎思主张，一个人能否守道，只要“禄以诱之，劳以处之，索其内然后辨矣”。

闻过则喜，反求诸己。林慎思认为，君子之人，当闻过则喜，不要只满足于别人的恭维，在他人指出自己的缺点和过失时，更应高兴，并知过则改。而能坦率地指出自己过错的人，是诚实可交的人。他说：“妖容露于人，人皆爱也，岂知绊人之心为疾乎！嗔语示于人，人皆恶也，岂知鸣人之过为诫乎！”

林慎思还强调，一个人不仅要做到闻过则喜，而且还应严于律己，宽以待人。也就是说，在个人道德修养上，要从自己做起，勿苛求他人。他批评了宽己严人的人，他说：“今有人行文行忠信之道，能言于人而不能行于己。”这样的人，犹如“习幻惑之徒，蓄其异术，每一呼吸，皆能变寒为暑、变正为非矣。习焚炼之徒，蓄其神方，每一施用，皆能变石为金、变土为银矣”。他们变外物容易，可变自身却不能。这样的人，是成就不了君子的。

林慎思继承了孔子的“见贤思齐”“见不贤而内省”的修养方法，主张不仅应“鉴于有道”以思齐，而且要“鉴于无道”而省身，他说：“居起欲奢，鉴之而反俭；威刑于暴，鉴之而反仁；畋游欲纵，鉴之而反礼；声色欲荒，鉴之而反德。”

此外，“忠”也是君子之德的内容之一，在这里，林慎思给“忠”赋予了一些新的含义。他认为，君子守道，应忠君如一，同时，更重要的是为子孙后代负责，即“忠于后代”。这一思想可谓超越了儒家倡导愚忠愚孝的局限，有进步意义。

因此，林慎思的教育思想在唐末有着重要的地位。他的作品《续孟子》与《伸蒙子》是不可多得的儒学专著，代表了那个时代的水平，并为宋代理学崛起奠定了基础，为福建儒学文化树立了伟大的丰碑。

政治思想

林慎思居官期间，执法严明，但政治上并不得志，屡遭奸臣宦官排挤。当时统治者“奉释氏，宠乐工，耽游宴，怠政事，侈费无度”，生活极端腐败，造成了“兵祸未已”的严重危机，林慎思对此忧心如焚，屡次上疏进谏皇帝，以求力挽狂澜。但大厦将倾，独木难支，大唐帝国的倾亡已成定局。在《伸蒙子》中，他较为全面地论述了他的为政之道，即君、臣、民是社会有机整体中三个不可分割的部分，只有各行其道，才能建立一个和谐有序的国家。

首先，林慎思认为，为君者要有成圣人之志，用尧舜之治的方式来治理天下，才能使民心归服。因此，君王要遵守君道。

君王的所作所为应符合天道和人道。天地人道，其实都由天道一以贯之。只有符合了天道，才能符合人道。他认为秦朝

焚书坑儒，本欲成就万世帝业，结果却事与愿违，亡不旋踵。秦朝之所以迅速灭亡的原因即在于违背了天道，“顺天者存，逆天者亡，天生羲、农、黄帝、尧、舜为道之宗，又生禹、汤、文、武、周公、孔子为道之主。其言式万代，其政训百王，譬日月不可揜，山川不可迁也。秦人姗笑先王，绝弃礼法，悉举而燔之。使天下之人横目蚩蚩，无知识无防节。是日月晦蚀、山川崩裂、天怒人怨，有灭亡之形而秦不知也。一夫呼，七庙堕。秦焚书是自焚矣，秦坑儒是自坑矣！世未有合天而亡、逆天而存者也。故曰秦之亡，天也！”天道是天地的主宰，它博大无边无际，精微小而又小，不生不灭，所以宇宙中的万事万物均为它掌握，并为它所生所灭。

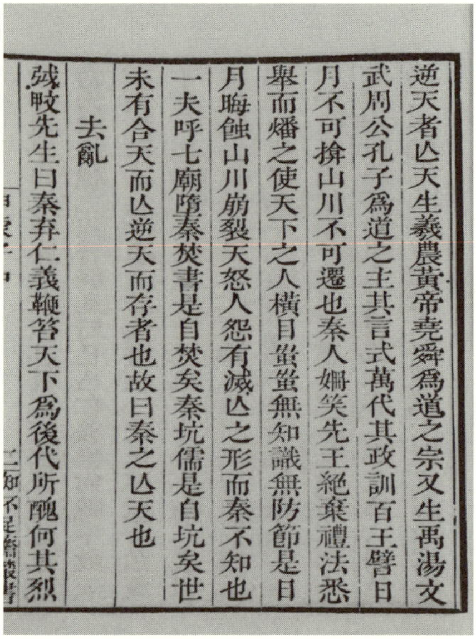
逆天者亾天生羲農黃帝堯舜為道之宗又生禹湯文武周公孔子為道之主其言式萬代其政訓百王譬日月不可揜山川不可遷也秦人姍笑先王絕棄禮法悉舉而燔之使天下之人橫目蚩蚩無知識無防節是日月晦蝕山川崩裂天怒人怨有滅亾之形而秦不知也一夫呼七廟隋秦焚書是自焚矣秦坑儒是自坑矣世未有合天而亾逆天而存者也故曰秦之亾天也

去亂

殘暴先生曰秦弃仁義鞭笞天下為後代所醜何其烈

《伸蒙子》书影

天道从来就不受人的喜怒哀乐所左右，我们永远跳不出它的圈子。但林慎思并非主张一味地听天由命，他认为天道有变数，王道的兴衰并非单纯取决于天的历数，人道在其中也可左右局势，“化妖祥者由乎天，变兴衰者由乎人”。人事的道理，是保持逆顺的平衡，顺应天道就生存，符合天道就成功，违背天道就灭亡，他认为秦始皇之所以能统一六国、鞭笞天下，就是因为顺应了天下大势，而当秦始皇推行暴政，不尚仁政，民不聊生时，他便是违背了天道，所以秦朝便迅速灭亡。只有努力追求人道与天道相符，才能达到天与人的和谐一致。

君王治理百姓，固然应该推行仁政，但不能忽视刑罚的作用。应该把刑罚看作是推行仁政的辅助手段。“恩施于民，民既民矣。刑施于民，民不民矣。且民既民，恩不加民自化也，民不民，刑不加民谁御哉？譬处家而治群下焉，下之良者虽恩赏不至，且未失于良矣，下之恶者苟刑责不及，孰可制其恶哉？是知治民用刑为最。”对越轨的人，要有相应的惩罚。教化能取得刑杀手段难以取得的政治效果，使得人心规矩、风俗淳厚、秩序井然。如果教化成功，人民普遍向善，残暴者也不再作恶，这样就可以废除刑罚了。

但应该看到，社会上总是有邪恶势力存在，对此，就绝不能心慈手软、放纵姑息。此时，就应当发挥刑罚的威慑作用，把邪恶势力绳之以法。所以礼乐刑政是相辅相成、并行不悖的。总的目的是使百姓和君主同心同德，创造一种长治久安的政治局面。

林慎思还进一步指出：有道明君的刑罚甚至比无道昏君的刑罚更为严厉。他把明君的刑罚比喻为水火，把昏君的刑罚比喻成虎狼，“水火之为峻也，必能滔涌天地焚燎山川而人不蹈也。狼虎之为峻也，止于呀风吼雾噬兽啖人矣。岂及水火之大欤？”通常情况下，人们都忽略了明君的严刑峻法，是因为“水火仁于人而人赖之，不见其峻也。狼虎害于人而人畏之，故见其峻也”。

君王治国，必须做到赏罚分明、功过清楚。赏罚要公正，赏

罚不明是治国的大忌。林慎思认为国君在行赏罚、论功过时，不应该有外臣、内臣之别，他把外臣和内臣分别比作“佣治粟者”和“佣治膳者”，他说：“佣治粟者，虽役力求精曾不得其尝焉。佣治膳者，虽不劳力自精亦先得其尝焉。矧治粟功至，仅免于诛也。治膳功至，又加其赏焉。何则？治粟犹四方外臣也，治膳犹左右内臣也，外不及内而然也。”外臣和内臣所处境地的迥然不同，就要求君王“明目达聪，鉴难易于内外”，这样才能是非分明，“不使罚及忠信，赏归苛酷”，否则国家管理就会陷入混乱。

林慎思要求君王要不断加强自身修养、完善自我。他说：“君子不惑，小人多惑。”为什么呢？“人无不惑，盖君子知其所惑而不惑矣，小人不知其所惑而惑矣。”欲知所惑，须不断地学习和加强自身修养，只有这样，才能释惑而无惑，不被杂乱的现象迷住视野。他举这样的例子：一个人如果从暗处往明处看，即使有帘幕阻隔，美丑善恶都能分辨得一清二楚；一个人如果从明处往暗处看，即便中无遮障，也难分暗处之美丑善恶。如何辨别这一切呢？在于修养。换句话说，只身处于美丑善恶难辨的环境下，要保证自己的言行正确，关键在于平时自我修养，“君子居其显进退不违规矩

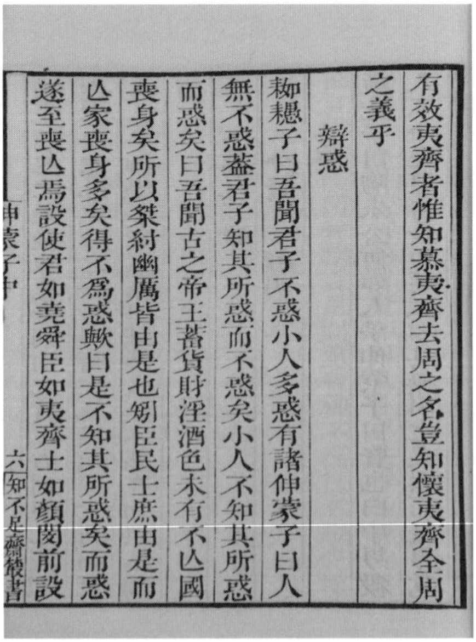
有效夷齊者惟知慕夷齊去周之名豈知懷夷齊全周
之義乎
辯惑
耞穗子曰吾聞君子不惑小人多惑有諸伸蒙子曰人
無不惑蓋君子知其所惑而不惑矣小人不知其所惑
而惑矣曰吾聞古之帝王耆貨財淫酒色未有不亾國
喪身矣所以桀紂幽厲皆由是也矧臣民士庶由是而
亾家喪身多矣得不為惑歟曰是不知其所惑矣而惑
遂至喪亾焉設使君如堯舜臣如夷齊士如顔閔前設
伸蒙子中　六　知不足齋叢書

《伸蒙子》书影

也”。“古之圣贤立道光显为后代所瞻瞩”，却毫无过失就是因为他们时刻警诫自己，保持自己言行不偏邪。只有常修养，言行才能始终不偏离方向。

林慎思要求臣子以大局为重，以对后代高度负责的精神，当国家处于危急关头时，应不计个人名利得失，一心一意引导君王走向正确的轨道。伊尹放太甲于桐宫并非不忠于君王，是因为太甲犹如“良马”，需要“良御维絷以驯伏其性”，去除身上的种种不足之处，成为一个优秀的君王。

商山四皓在汉初拒不出仕，后又出面维护太子刘盈，目的是为了“正天下”，“大厦之欹也，必欹其木以扶之，然后正矣。方高祖欲废嫡立庶，太子势摇，群臣心动。是时天下政柄将失所持，四皓心是危急可以正之，恶能忍其危哉？所以徇吕后谋，从孝惠出，是谓用邪扶正。不甚至欤？苟为不然，则从其废嫡立庶，戚氏得以惑乱一人，

商山四皓，秦时隐士，汉代逸民。指四位白发皓须、德高望重、品行高洁的老者。他们四位分别是苏州太湖甪里先生周术，河南商丘东园公唐秉，湖北通城绮里季吴实，浙江宁波夏黄公崔广。后因逃避焚书坑儒来到陕西商山深处。

侮蔑万枢。欲汉室不危，难矣！又安得传其后嗣哉？则知四皓始而处者非傲君也，辞夫爵也；终而出者非私贿也，正天下也。”伯夷和叔齐在周武王伐纣时，跑到军队前面去阻拦，人多以为他们是愚忠，林慎思认为他们“不独吐一时之忠，抑垂千古之戒也”，“谏不贵纳于一时之周武，而贵纳于后代之诸侯。不贵存于一时之商纣，而贵存于后代之王室。知后代王室必有肖商纣之暴，后代诸侯必有习周武之志，故损身讽谏，用讥后代伐君者，恐中损身之讥，无生易国之志。此非夷齐之意深乎？”

林慎思认为，必要时宁可牺牲自己，也不苟且偷生。他说，比干有忠臣死谏之名，“比干非不知辛（即商纣）祸胎已长，势不可止，盖不忍不止，则竭忠谏之”。欲垂明镜于后代，“是以比干之忠，不独忠于一时，而亦忠于后代矣”！林慎思的“忠于后代”思想，也是其自身思想、行为的写照，更是自我勉励。他面对当时唐王朝腐化堕落、民不聊生、危机四伏的严重现实，敢于进谏，力陈兴利除弊，虽遭贬谪，但其冒死进谏、忠于后代的志向始终未灭。当然，他的“忠于后代”思想仍然脱离不了忠君的阶级局限性，忠于后代以忠君为体现。当黄巢起义军攻占长安时，他不顺应时势，不从义军，而是大骂义军，忠君而死。

林慎思认为要使恩信、刑法化民安国，就必须要有大批“布恩信”“执刑法”的人才，要以举贤为急务，求贤若渴。“设礼以待士，闻有士之名，则必欣然而迎之”。他说，周公最急贤，他以急贤之心，网四方之心。周公最能以礼招贤，尽管所急之士“不及周公，（周公）亦下礼而接焉。所以，不阻四方之士也，不阻四方之士，则四方之心归焉”。他把“急贤”作为收天下之心的手段，可见他对招贤纳士的看重了。有大批积极主动、不折不扣地执行各项正确政策的大臣，天下大治也就顺理成章了。

林慎思强调为臣者应在德不在位。他认为为臣者最需关心的应是自己以何德何能来立足本位，而不应该是利禄封地等。他以孔子为例，孔子“不得封楚”，但孔子“不患无土”，是因为“儒有不祈土地，立礼义以为土地”，所以“仲尼无土于一时，有土于万代也”。臣以道事君，要保持人格的尊严，不能为了仕途而出卖自己的良心和道德。

再者，林慎思认为，为人民者要有成尧舜之民的德性。在他看来，人如果不能自我克制生活上的侈靡，要实现国家安定富强是不可能的。“韶夏之声，人非不知可敬而不能嗜也。郑卫之声，人非不知可去而不能舍也。何哉？可敬者礼节也，礼则难行，故人不能嗜矣。可去者非礼也，非礼易惑，故人不能舍矣。是以演先王之教不得人之乐者，教难行也。吐倡优之辞皆得人之喜者，辞易惑也。恶有圣徒能乘其心者，后易惑而难行哉？”

> 一树之花，人争盼焉。一株之棘，人争忌焉。且人皆爱花之鲜妍，不知鲜妍能诱人为骄奢之患矣。人皆忌棘之伤害，不知伤害能诫人行正直之路矣。呜呼！骄奢事极，则花为祸人之根者也。正直路存，则棘为利人之本者也。而人不知忌于花而忌于棘。噫，其惑人也久矣。

总而言之，在一个完整的社会结构中，上有发号施令的君王，中有执行命令的大臣，下有接受统治的黎民百姓，君、臣、

民是社会有机整体中三个不可分割的部分，只有各行其道，所谓君要遵守君道，臣要遵守臣道，民要遵守民道，这样才能上行下效，各安其所，各尽其职，从而建立一个和谐有序的国家。在君、臣、民三者中，无论何者偏离其道，都会扰乱正常的社会秩序。所以，林慎思的为政之道是在对社会整体结构做了一定考察之后而提出的治国方略，无论是对君王，还是对臣民都提出了不同的要求，使得君、臣、民三者都可以从中得到启发，对后世统治阶级和劳动人民都产生了一定的影响。

林慎思的政治思想主要特点。第一，提倡法治。他认为除教化以外，必须有一种更具威慑力、更具强制力的规范，来惩治那些教而不化的违背礼义之人，所以刑罚是必不可少的。

第二，强调人治。林慎思认为治理国家既不能寄希望于虚幻的神，也不能单靠纸上的制度，而应充分发挥人的作用。因为人是社会活动的主体，管理制度由人确立、由人维护、由人执行。在治理国家过程中人起最终的统治作用。一是他认为治国最为关键的是统治者的人格，有明君良臣在位，以身作则，政令贯彻通达，政治方可清明。二是他把人才的得失看作天下兴亡、国家治乱的关键所在。他对当时朝廷奸臣当道、忠良受屈的状况非常不满，多次上谏，言明只有举人才、任贤能，才能使国家长久。

第三，重视修身。林慎思强调管理国家的大臣，特别是最高领导者君王必须时时注意端正自己的思想和行为，然后才能管理他人。只有知道怎样修养自己，才能知道怎样治理别人，从而懂得怎样治理国家。修身向外扩充表现为齐家、治国、平天下，治人、治物、治国、治天下是治己的外化与扩大。所以，林慎思把统治者的道德自觉和修身看作是实行仁政的前提。

为实现治国平天下的理想的林慎思，提出了不少治国方略。尽管他的理想在当时无法实现，但他的主张还是直接或间接地影响着后世的执政者，足见其思想的深厚底蕴。

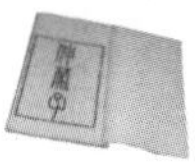

五桂同芳

第三章

金榜题名 初入仕途

咸通（860—874）年间，林慎思“兄弟五人并擢高科”“俱登进士第”，时称“五桂联芳”“五子登科”。懿宗皇帝为了表彰林氏兄弟出色品学，特钦赐“兰桂同芳”匾额，敕改其所居崇贤乡为“芳桂乡”，又因林慎思复中宏词拔萃第一，故赐其里曰“大宏里”。

金榜题名

功夫不负苦心人。咸通十年（869年），林慎思第二次参加礼部考试，金榜题名一举成，荣登归仁绍榜进士，时年25岁。

喜讯传来，前来贺喜的宾朋络绎不绝，林慎思反倒表现得十分平静。在应酬来客的时候，置办了丰盛的酒宴。巧合的是，他的好友余镐，也同登进士。余镐是莆田人，字京周，少年时经常前往长乐筹峰山与林慎思一起攻读诗书，两人因此结下深厚的友谊。

林慎思那个时代的读书人经过礼部考试合格只不过是取得了“出身”，还不能马上去做官。要想做官，还得参加吏部再试宏词拔萃入等，方能授予最低级之从九品官。当时再试宏词拔萃就相当于后来由皇帝主持的殿试。吏部考试包括“书、判、身、言”四个方面。第一考“书”，即书法写字，试其“楷法遒美”。第二考“判”，即写另一种文体的文章，试其“文理优长”。第三考“身”，考察其相貌是否端正，试其“体貌丰伟”。第四考“言”，考察其口齿是否清楚，试其“言辞辨正”。如果“书、判、身、言”这四项全能够通过，便可以授予官职。比如说韩愈这样的大文豪，竟四试于礼部，三试于吏部。就是说韩愈参加过四次礼部考试，方才通过，又参加过三次吏部考试，一直未能通过。于是他企图通过当朝宰相推荐而得官，但他三次上书均无结果，最后只好离开长安，到宣武军节度使董晋的麾下做幕僚，以后由董晋荐举，由此才走上了仕宦之路。可见由科举考试入仕之艰难！

咸通十一年（870年），林慎思再试高中宏词拔萃第一，誉满长安城。

宏词科第一

林慎思独占鳌头，无限荣光，也得到懿宗皇帝的赏赐。唐皇听说他满腹文才、书法造诣极佳，而且又识时务，所以龙颜大悦，并且还为他的家乡长乐“灵山寺”赐匾。

据《长乐县志》记载：“灵山寺在二十一都。唐咸通九年建，十年赐额。明永乐五年重修。”《玉林世谱》有录：“咸通九年，御史公升与第五男伸蒙公，舍地建灵山寺，寺中立有忌碑，载忌辰，每逢忌日子孙上寺应疏。后寺产并入古山庄。因年久圮废基存。”

初入仕途

林慎思登第后，初授秘书省校书郎（从九品），第二年赴诏为兴平县尉（从八品）。而县尉之职，主要职责是“主盗贼，案察奸宄”，即负责地方治安，此外，县尉也要掌握当地人口户籍，还要精通法律，熟悉处罚条例。

林慎思任兴平县尉时，政绩颇好。一些官吏“移县括逃田”，林慎思为了维护民利，屡次上疏指责其过失，官吏虽然表面信服但怀恨在心。他们本想倚靠自身势力让林慎思屈服，不想遭断然拒绝。同时，林慎思还上书朝廷，极力倡导亲近正人君子、远离左右小人，奖励廉洁从政、严禁奔竞之风、倡导洁静之操，他的建议深得朝中正直大臣的赞许。

除此之外，林慎思常为老百姓办实事，不仅思想贴近百姓，

还经常深入田间地头，体察民情、了解民心。农忙季节，他还躬耕于野，和百姓一起吃住，分享生活的甘甜苦乐，与下层民众建立了朴实真挚的友情。

不过，县尉之卑，如果公务有失，会当众遭到责打。那些担任了此职的人往往情绪低落，心怀抑郁，有的干脆弃职而去，另谋出路。当时文人中担任此职者不少，这个职务还真激发过不少人的诗兴，因为担任这个职务而写了诗，这些诗透露出唐代担任县尉者的心态，表达了他们的感受和情绪。于是，高雅的唐诗与这个卑俗的官职发生了联系。

虽然林慎思没有留下对县尉褒贬的诗，但是他几经周折，好不容易混到兴平县尉。正是无奈于投身，却为他带来不寻常的收获。

正是林慎思在任期内，在广阔的社会生活中开阔了视野，目睹统治集团在地方上对农民的横征暴敛，进一步了解到下层人民的疾苦，听到了广大人民的强烈呼声。同时，林慎思对当时害民的赋税制度提出了尖锐批评，对劳动人民所蒙受的苦难寄寓了深切的同情，而且不是一般的同情，是进而把自己摆进去，觉得他自己和劳动人民的差别太大了，问心有愧。

为政之道

林慎思对统治者漠视民众疾苦深感痛心，于是，他“大阐孟子”之道，呼吁统治者除烦去苛，存养百姓。他对比秦朝灭亡与尧之兴盛，说：“秦弃仁义，鞭笞天下，为后代所丑，何其烈欤？”而尧则不同，“尧仁如天，周德至矣”，天下大治。故而他指出：“处上位者，不见下民之艰，一有不快其心者，则吁闻于天下矣。噫！岂知下民终日劳心而无告于上乎。”这就是要求统治者须倾听百姓心声，关心百姓疾苦，采取爱民措施。这体现了他的民本思想。他还提出了实施仁政的具体方法。

首先，减少赋税徭役，使民众安心。这样既可以使民众拥有安定的生活，又可以维护政权稳定。孟子提出“与民同乐”的观点，意思是，作为统治者的君王应该与百姓一同分享快乐。林慎思则对孟子这一观点进行了深化，提出“与民同”的观点。这个“与民同”，就是要求统治者减免赋税徭役，减轻民众负担，使他们生活安定。他说：“均役于民，使民力不乏；均赋于民，使民用常足。然后君有余而宴乐，民有余而歌咏。”

其次，让百姓休养生息。林慎思推崇道家的无为而治，认为其使百姓休养生息，符合仁政之道。他说：“设穽于路，用去害焉，害未及去，而人过之，反为害矣；税金于市，用化利焉，利未及化，而人叛之，反失利矣。且养其卒，非捕民之寇盗邪？寇盗未必由卒捕也，而先尽民之父子焉。条其吏，非劝民之农桑邪？农桑未必由吏劝也，而先夺民之粟帛焉。斯不亦用去害而为害，化利而失利欤？呜呼！韩非说难，嵇康养生，亦几于是矣。”又说：“且居起欲奢，鉴之而反俭；威刑于暴，鉴之而反仁；畋游欲纵，鉴之而反礼；声色欲荒，鉴之而反德。”可见，苛政会损害百姓的利益，不可为之。这也是其有感于唐朝末年的苛政而发的。

再次，赈济与自力更生相结合。林慎思虽然提倡仁政，但是反对一味以赈济的手段救助百姓，认为一味地赈济会助长民众懒惰之心。他提出，应当采取一些发展生产的措施，使百姓自力更生，“禽必栖于木，鱼必泳于川，使易禽于笼，孰若木之安乎？移鱼于沼，孰若川之乐乎？民居鲁国，若禽之在木，鱼之在川也。鲁君耽嗜，召民于侧，是犹易禽于笼，移鱼于沼也。”也就

是说，必须让百姓自力更生，否则就会对他们造成伤害。他又在《续孟子·宋臣十一》写道：

> 孟子问宋臣曰："子之王于民何如？"曰："抚之。"曰："何以抚邪？"曰："民未及歉则开廪以赈之，不使民歉也；民未及寒则散帛以给之，不使民寒也。"孟子曰："吁！子之王曾不若鲁民也。子知鲁民善教子取薪乎？南山百里有薪也，北园百步有薪也。"命子曰："汝采薪欲山乎？园乎？"其子曰："园近，愿采诸园。"鲁民曰："汝勿以近为易而采也，勿以远为难而不采也。且近是我家之薪，远是天下之薪也。我家之薪人不敢采之，以天下之薪尽则我家之薪存焉，天下之薪汝胡不先采之？以我家之薪尽则天下之薪何有哉！子之王于民犹此也，民有耕织，犹南山有薪，不待取其耕织而赈之给之，是知鲁民教子乎？以恩乐于民，不知民乐为惰民，惰则何取乎？"

林慎思借孟子之口批评一味地赈济，并以孟子与宋臣问答的形式来论证这种做法会使民惰。他认为，应将赈济与自力更生结合起来，这种观点还是有一定道理的。

最后，德治与刑治相结合。林慎思认为，虽然德治在治理国家中起到很重要的作用，是不可或缺的治国方略之一，但是仅依靠德治而忽略刑治，这种做法也是十分危险的。因为道德教化并非对任何人都奏效，对于冥顽不灵之人，必须使用刑法。他指出，有道之君是重视刑法的，并且有道之君的刑法"犹水火"，但这种严刑峻法不是针对守法的百姓，而是针对那些冥顽不灵的恶人；无道之君是忽视刑法的，无道之君的刑法"犹狼虎"，难以起到惩治恶人的作用，所以国家政权就不稳定。从这里可以看出，他的政治观点具有独到之处，他所提倡的刑法，主要是针对那些为恶之人，并不与其仁政思想相违背。而且，在德治与刑治二者中，林慎思甚至更强调后者。因为唐朝末年，社会秩序已经遭到极端的破坏，仅仅依靠德治已经难以解决现实危机。在《伸蒙子·利用》中求已先生问："治民之用恩刑，恩刑之利孰最？"伸蒙子则认为"刑最"。林慎思认为在"治民之用恩刑"中，"刑"最有效，这显然吸收了法家的思想。

虽然林慎思这种呼声并未引起统治者的重视，但是他提出的这种观点还是非常正确的，于今也有其现实意义。

由此看来，林慎思丝毫没有空谈仁政，而是找到了实施仁政的具体方法，因此他的仁政观念比孟子的更加具体，更加深刻，也更具说服力。

无论怎么说，县尉在唐代也是国家公务员。由于林慎思为官执法严明，当地的土豪劣绅及衣冠望族都惧其威令，而不敢胡作非为。

厚福林氏宗祠
出悌
入孝

第四章

兴修水利 造福苍生

林慎思在尚书水部郎中任上，总结前人经验，进一步加强对大运河的建设，并对旧有的漕运制度做了重要改革；他上奏朝廷，请求减轻百姓负担、赈济灾民，努力为百姓谋福利；他还对城市排水系统进行了深入分析，并提出自己独到见解；此外，他还在家乡兴修水利，造福一方，功垂千秋。

任职水部郎中

咸通十三年（872年），林慎思擢升尚书水部郎中（四品京官），掌管全国水利、河运、渔捕等政令，负责各种和水务有关的事物。但是水部一共两个人，除水部郎中外，还有员外郎一人。仅仅这两个人，却要统管全国津济和船运、渠坝和堤堰、疏通沟渠和渔业捕捞、运河的畅通和河流上的磨碾等具体事务。唐代的水部还制定了详细可行的各级水务责任，县州府各司其职，协调水利纠纷，防止任何人垄断河流、在河流上争取利益。

林慎思首要任务就是总结前人的经验，进一步加强对大运河的建设，主要是维修、完善隋朝建立的这一大型运河体系。同时，为了更好地发挥运河的作用，对旧有的漕运制度，还作了重要改革。

对朝廷来说，大运河的主要作用是运输各地粮帛进京。唐前期，南方租调由当地富户负责，沿江水、运河直送洛口，然后再由洛口转输入京。这种漕运制度，由于富户多方设法逃避，再加上每一舟船很难适应江、汴（泛指运河）河的不同水情，因此问题很多。如运期长，从扬州到洛口，历时长达9个月。又如事故多、损耗大，每年有大批舟船沉没，粮食损失高达20%左右。“安史之乱”后，这些问题更为突出。

于是，从林慎思开始用分段运输代替直运，一直到唐末仍保持不变。规定：江船不入汴，江船之运积扬州；汴船不入河，汴船之运积河阴（今郑州市西北）；河船不入渭，河船之运积渭口；渭船之运入太仓。承运工作也雇专人承担，并组织起来，十船为一纲，沿途派兵护送。分段运送，效率大大提高，自扬州至长安40天可达，损耗也大幅度下降。

除漕运租调外，大运河还大大促进了沿线许多商业城市的繁荣。如扬楚运河（即隋代的山阳渎）南端的扬州和北端的楚州（治所在山阳县，今为淮安市），汴河上的汴州（今开封市）和宋州（今商丘市），永济渠上的涿郡（今涿州市）等。扬州因为位于扬楚运河与长江的汇合处，公私舟船，南来北往，都要经过这里，是南北商人的集中地，南北百货的集散处。它“十里长街井市连”，在全国州一级的城市中，位列第一，超过成都和广州，人称“扬一益二”。

咸通十四年（873年），关东等地旱涝多灾，饥荒严重。林慎思屡奏朝廷，为民请命。翌年正月，他与翰林学士卢携联名上奏称：

> 臣等窃见关东去年旱灾，自虢至海，麦才半收，秋稼几无，冬菜至少，贫者硙蓬实为面，蓄槐叶为齑，或更衰羸，亦难条拾。常年不稔，则散之邻境；今所在皆饥，无所依投，坐守乡闾，待尽沟壑。其蠲免余税，实无可征，而州县以有上供及三司钱，督趣甚急，动加捶挞，虽撤屋伐木，雇妻鬻子，止可供所由酒食之费，未得至于府库也。或租税之外，更有他徭。朝廷倘不抚存，百姓实无生计。乞敕州县，应所欠残税，并一切停征，以俟蚕麦。仍发所在义仓，亟加赈给。至深春之后，有菜叶木牙，继以桑椹，渐有可食。在今数月之间，尤为窘急，行之不可稽缓。

最终，僖宗采纳了林慎思、卢携等人的意见，但“有司竟

不能行，徒为空文而已”。朝廷的蠲免诏令成为一纸空文。因此史书这样记载：“乾符中，仍岁凶荒，人饥为盗，河南尤甚。”唐代官员自己也承认：“近岁螟蝗作害，旱暵延灾，因令无赖之徒，遽起乱常之暴。”而正是由于各级政府对于灾害救济的不作为，导致了后来黄巢起义的爆发，瓦解了唐朝的统治。

然而，在封建社会，无论是多么完善的制度在执行时都会因为受到人为因素的干扰而大打折扣。尽管朝廷在灾害救济方面制定了一系列严密的程序和制度来保障地方遭遇自然灾害时能够得到及时的蠲免和赈恤，同时又避免出现瞒报和谎报的情况。如果地方官员不能够忠于职守、体恤灾民，正如唐末罗让所言：“长吏者，又闻或非良善，厚其毒，忍疗痏而简问，威剥而自虞。则陛下虽有赈发不轻得及，虽有蠲放不轻得获，虽有诏谕不轻得闻。”他们不仅不会开展有效的灾害救济，还会导致灾区问题更加严重。

林慎思与其他官员不一样，他是尽量减轻百姓负担，努力为百姓谋福利。他在任内多以水利泽民，勤政爱民，为民称颂。

其间，因部分地区每年都要向官府供应大量财物，致使百姓不堪重负，他便立即上奏陈情，奏请免除。江南一带盛产茶叶，但当时的茶税征收十分混乱，没有茶地的农民也要负担沉重的茶税，致使很多人怨声载道。林慎思闻讯，又马上核查茶地的占有情况，一一登记在册，将无茶地而承担茶税者，“奏蠲之”。

林慎思在任尚书水部郎中之前，所管辖区有地方曾一度被人说成“地远而人好讼”，“素称难治”。他到任后，采取了“严而不苛”的政策。

一日，林慎思将所辖各县州的官吏叫到衙门，告诫他们要

"人自为治"，处理政事不得拖延迟滞，推诿县州。他还当众宣布了一项奖惩条例：凡横行不法，政事昏暗，从而导致该辖区生产上不去者，从严惩处；凡忠于职守，勤政廉政，从而使百姓积极垦荒，生产发展，人口增殖者，一律酬赏并议其升迁。众人听罢，无不兴高采烈，从此竞相尽力于政事。一向被视为多事的地方，也迅速变成了"州事为少"，"狱以屡空"。

趁此良好的势头，林慎思又抓紧时机疏通了长江流域沟渠，还造舟百余艘，大大促进了长江流域与岭南的经济联系，明显地改善了百姓的生活。

但是，每年遭遇水灾，还是有很多地方拖欠赋税，受鞭挞之刑而死的老百姓接连不断。

有一次，林慎思情绪激昂地到宫门外呈上奏章，想为百姓解除疾苦，再三上书，皇帝都不答复。林慎思叹息说："我有什么脸面回去见黎民百姓啊！"于是又一次准备了奏章，敲击登闻鼓要上诉，准备在鼓下上吊自尽。皇帝听闻这件事后十分惊讶，同情他为了百姓而牺牲自己，下令宽贷赋税，延长期限，并下旨开仓放粮救济灾民。

一般古代遇到自然灾害，赈恤主要有三种方式。一是对灾民困户蠲免赋税并给予接济。二是开仓放粮。旧时各县城东西南北四面皆置有"义仓"贮存粮米。遇到荒年灾情时官府开仓放粮救济，百姓收获新粮食后再偿还官府。义仓所贮粮米或许数年不用，依例亦须定期更换新粮。三是开设粥厂无偿供给灾民。粥厂通常设于城厢及寺庙道观。城厢是城乡接合部，灾民多聚于此处。寺观内外场地宽阔，平时无其他用途，适于搭棚垒灶，熬粥

施舍饥民。

当林慎思到任尚书水部郎中的第二年，江淮一带爆发蝗灾，田野颗粒无收，半数以上的百姓惨死于饥饿之中。他义无反顾承担起了拯救灾民的重担。

林慎思马上组成专门的调查班子，对所辖州县有多少灾民、有多少可以自食其力的、多少需要救济的、所储粮可发多少人、富人可募捐多少粮等等，一一登记造册，然后有计划、有重点地开始了救灾活动。

第一，多方筹集救灾物资，除发官粮，还要求富有人家以平价卖粮，要求僧人、道士开仓赈济。林慎思明文规定：饥民向富人借钱，富人不得拒绝；待到丰年时，由官府负责督促借款人还账。

第二，发粮赈饥。林慎思规定：官府发给每人每日一升粟，小孩减半。同时，还设立了一些官粟出粜所，以平价卖给百姓，鼓励和帮助百姓开展生产自救。

第三，切实做好善后事宜。当时，饥民无以自活，弃婴很多，富室大户募集钱款数万贯，开办育婴堂一一收养。死而无人葬者，由官府一一收殓。鉴于饥荒之后又瘟疫流行，林慎思还专门设立了多所病坊，无偿地给病人提供医药食品。

其间，林慎思为赈济灾民，几乎用尽了自己所有的俸禄。为统筹指挥救灾事宜，他常常夜以继日地忘我工作。有时虽感疲惫不堪，仍旧“力不少懈”。

经过林慎思一番艰苦努力，所辖州县虽然遭受了前所未有的天灾，但灾民们“生者得食，病者得医，死者得葬”，这在中国历史上都是少有的。

翌年，朝廷闻知此事，盛赞林慎思救灾爱民业绩，并颁谕天下，令各州郡效仿做法。

完善排水系统

除此之外，林慎思还考虑城市的排水系统，把它当成最基本的也是最重要的公共基础设施。

在当时，林慎思已经深刻意识到“水失其性，百川逆溢，坏乡邑，溺人民，而为灾也”。他很重视排水沟渠的疏浚和整修，上书朝廷下诏修理两都街市、沟渠、道桥，而其旧沟渠，令当界乘闲整顿疏决，并兴修石炭、贺兰两堰，造土堰，开淘渠，并对城中河道进行日常疏通和维护。“金陵秦淮河中，有小民棹扁舟业以淘河者”。可见，当时已经出现专门以养护河道为业的人，他们负责在河道上挖掘污泥、清除残秽，向管理部门领取报酬。

为了根治水涝，他下令开挖地下水沟，根据瓦房屋脊之水顺坡下流的道理，采用各种办法，筑成“甲”“井”“非”等字形，使地下排水系统相互沟通，形成了上覆泥土能种地，下流清泉能防旱，既可排涝又可防旱的特殊水利设施。

修建水利工程并非易事。林慎思为了减少工程量，设计时必须充分利用地理条件。设施在选址和设计上的特点是：因地制宜，利用地势与水流弯道原理。这种设计理念所产生的效果便是开凿的隧道和闸门低于河流的河床，利用水流弯道时所形成的强大的离心力，直接通过闸门进入隧道，无须建坝蓄水，节省人力物力，并且不淤不塞，有利于河道畅通和汛期上游的防洪。这种

设计理念，可谓利泽至今。

兴修水利

除此以外，林慎思还在家乡水利治理上倾注了大量的心血。长乐民谣：“九日晴天闹干旱，连雨三日掩街亭。”古人为了生存，在河口界里的平原进行挖港引潮，车水灌溉。

西湖，紧临长乐北乡岭南村，亦称岭南湖。东起元岱村，西至边兰村，南临岭南村，北近大宏村。在两晋南北朝时期，里人严光将自家私田开凿成湖，故西湖又称严湖。其支流东与东湖、陈塘港以及七十二洋之水相通，调节蓄配，灌田4500亩。四里百姓，农田耕种，咸赖此湖。

东湖，是唐天宝五年（746年）长乐北乡方乐里人林鷴为消弭农民水旱灾害，捐出龟山一带的大片田地，筑堤围湖。“林鷴献地辟东湖”的壮举，《长乐县志》这样记载：“原系唐进士林鷴舍己粮田四千亩开凿成湖。延袤二十余里，周围八千余丈，塘高一丈五尺，建涵八座，斗门九所，闸一十三处。蓄泄湖水，以溉四里民田七万余亩。”后来，他的妻子赵夫人又舍临湖垈田为湖，曰“林婆湖”，并将二湖挖通连为一湖，统称“东湖”。

东、西湖历尽沧桑，依旧碧波荡漾。但湖泊原是土堤，随着沿湖的豪强围垦蚕食湖身，东、西湖越来越小，加上长期懈于疏浚，眼见二湖日渐淤塞，一片破败，既无水利之用，也无风景可言。

林慎思在返乡丁忧期间，主持疏浚东、西湖，使其既可浇灌农田，又可蓄洪避灾。他又命人用疏浚出来的大量淤泥在湖中修筑了一条沟通两岸的长堤，堤上修建了石桥以流通湖水，全堤遍植柳树与各种花卉。于是，石桥烟柳的景色，使东、西湖平添了无限妍媚。千百年来，东、西湖多用于农田灌溉、蓄洪防灾，为长乐农业生产发挥了不可替代的作用。

林慎思生活的年代，长乐南北乡均濒临海洋，没有陆路。“渡桥”为交通要塞之地，上下周围均是汪洋大海，唯弦歌里龙桥山与沟东洪山西湾相近两峡之间，以舟楫渡人。且此峡日常水流湍急、风大浪高，往来至为艰难，人船葬海之事时有发生。林慎思因家乡父老困于船渡之苦，于咸通十三年（872年）召集众人商议建桥。

后来，林慎思经过仔细勘查，筹得资金后便即刻动工。他千方百计调集设计和施工人员，加班加点，昼夜奋战，终于按期完成了任务。正当庆祝桥梁建造顺利完工之时，遇上了特大海啸，海浪高达几十米，像一条巨龙似的猛扑过来。值得庆幸的是，历经千辛万苦建起的桥梁没有被冲垮，事后大伙建议将该桥命名为“震龙桥”，并立有《震龙桥碑》。

据《长乐县志》载：“震龙桥，在十四都。唐水部林慎思造。上接杜桥，下通大塘桥。宋政和间，林嘉敏捐修。清康熙间，知县林天柱捐修。”

震龙桥的建造，使得当地交通面貌大为改观，实现了长乐南北交通要塞渡桥成通途。林慎思造福家乡百姓，情系桑梓，功垂千秋。

震龙桥碑

祕府 伸蒙子之書於是可以出矣復校是書三卷仍
與續孟並行嗟夫垂憲言以詒後人
伸蒙子之志遠矣天之未喪斯文也倘在茲乎敬書其
概以昭
聖朝右文之治歲昭陽作噩
咸淳九年正月朔奉議郎新知泉州南安縣事林元復
謹識

唐水部郎林虔中著伸蒙子三卷時咸通六年也以其時考之方奉釋氏寵樂工躭游宴怠政事侈費無度兵禍未已而堂老楊收路巖輩皆以賄敗溫璋至有生不逢時之歎 公之志何由而伸乎今三卷中姑舉其概曰遷善則有太甲猶艮馬之喻曰鑒旨則有盜賊不可移之類曰辨惑則有知與不知之別寧非有所感而述歟然 公之學與言竟不見之施行所恃以傳遠者遺書而已文忠歐公嘗言讀唐四庫書因見著書之士不可勝數而百不一二存 公之書雖見於唐藝文志及

第五章

融合道统 会通各家

林慎思将“易道统”与韩愈道统相融合，将儒家道统上溯至伏羲、神农、黄帝，中历尧、舜、禹、汤、文、武、周公，而终止于孔子。他在《伸蒙子·合天》中说：“顺天者存，逆天者亡，天生羲、农、黄帝、尧、舜为道之宗，又生禹、汤、文、武、周公、孔子为道之主，其言式万代，其政训百王，譬日月不可掩，山川不可迁也。”

融合道统

林慎思学识渊博，精通经史，博采儒、道、法诸家，而自成一家之言。其著作《伸蒙子》与《续孟子》，并列于《百子全书》《子书百种》《知不足斋》《涵海斋》等书。历代对《续孟子》《伸蒙子》多有重刊，流传甚广。早期传入日本、朝鲜半岛等；近代我国著名学者萧公权著《中国政治思想史》，将林慎思列与韩愈、柳宗元齐名。林慎思的其他著述还有《儒范》七篇、《宏词》五篇、《文集》两卷，系统地继承与发展了孔孟儒学思想；同时承袭了先秦法家的社会进化论历史观，否定了儒家天人相应的天命观，和荀子的朴素唯物主义自然观一脉相承；又从道家吸取了朴素的辩证法思想，看到了阴阳消长、祸福相依、矛盾转化等事物的发展变化。

然而，汉唐以来的章句经学、经学家法随着士族门阀社会的崩溃而衰落了，唐末儒学呈现出融合、会通各家学派的特征，比如，陆希声作《春秋通例》，《崇文总目》说此书“因三家之例，裁正其冗，以通《春秋》之旨”。陈岳作《春秋折衷论》，对左传、公羊、谷梁三传大义加以折中，批评章句经学的弊端是拘于家法，“各酿其短，互斗其长”，“各执一家之学”。这一时期儒学的融合、会通特征也深刻影响了当时的儒家道统观。

“道统”由中唐时期的韩愈正式提出，是唐代儒学复兴运动的重要内容。晚唐，儒家道统观有了更为深入的发展，从尧、舜到韩愈的儒学道统谱系正式确立了。随着这一正本清源过程的完成，儒家思想的脉络基本理清，正统观念得到了广泛的传播，并衍生出陆龟蒙、朱阅、林慎思等人的“融合道统”，同时，道统谱系反映了晚唐儒学的时代特征。

韩愈在《原道》中说：“斯吾所谓道也，非向所谓老与佛之道也。尧以是传之舜，舜以是传之禹，禹以是传之汤，汤以是传之文、武、周公，文、武、周公传之孔子，孔子传之孟轲；轲之死，不得其传焉。荀与扬也，择焉而不精，语焉而不详。由周公而上，上而为君，故其事行；由周公而下，下而为臣，故其说长。”

韩愈的道统从尧开始，继之舜、禹、汤、文王、武王、周公，最后以孔子、孟轲结束。韩愈道统观的重大意义是其开始尝试解决道统中人物的身份问题，把道统与治统初步分离开来，使道统成为真正意义上的“传道”统系。“由周公而上，上而为君，故其事行”，周公以上的道统人物都是君主，其传道是以政令天下的“事”的形式开展的；周公以下，孔、孟的身份是臣，这决定了他们无法将自己的政治主张贯彻为“事”加以实行，而只能以私人讲学的形式传道。虽说“事”与“说”都是道统的传承形式，但在周公之后，道统的延续就不得不依靠孔孟式的“说”，即讲学来进行了。

因此，韩愈的道统说产生了很大的社会反响，他的道统谱系为时人广泛传播。晚唐，更多儒者接受了韩愈的儒家道统观，其中陆龟蒙、朱阅、林慎思等人还在继承韩愈道统观的基础上进一步阐发新说，他们充实、丰富了道统的内涵，共同推动着儒家道统谱系的发展。

林慎思有一种将“易道统”与韩愈道统相融合的道统谱系。他将儒家道统上溯至伏羲、神农、黄帝，中历尧、舜、禹、汤、文王、武王、周公，而终止于孔子。他在《伸蒙子·合天》中说：“顺天者存，逆天者亡，天生羲、农、黄帝、尧、舜为道之宗，又生禹、汤、文、武、周公、孔子为道之主，其言式万代，其政训百王，譬日月不可揜，山川不可迁也。”

林慎思的道统除了取自韩愈之外（如将禹、汤列入道统），主要是以易道为线索展开的。其实在《易传》中，原本就暗含着一种“伏羲—黄帝—尧—舜—孔子”的道统逻辑。《系辞传》曰：“古者包牺氏之王天下也……仰则观象于天，俯则观法于地……包牺氏没，神农氏作……神农氏没，黄帝、尧、舜作。通其变，使民不倦。神而化之，使民宜之。”而文王演六十四卦，孔子撰《十翼》为《易》作传，《易传》终结于孔子，也含有道统之意。林慎思精于易道，其著作《伸蒙子》即得名于《蒙》卦，有伸张《蒙》卦之义，他的道统谱系以易道为主，加入伏羲、神农、黄帝三人，与《易传·系辞》所列的上古圣王一致。

与韩愈等人不同的是，林慎思并不将孟子看作接续儒家道统的人物，他虽著有《续孟子》一书，又有“《孟子》书先自其徒记言而著，予所以复著者，盖以孟子久行教化，言不在其徒尽矣，故演作《续孟子》”云云，其实林慎思以为孟子所言未尽善，《续孟子》不过借孟子之名为己立言而已。

在这里，有必要将林慎思与同时代的文人思想进行比较一番，不仅能够更全面地把握他思想的主旨，而且也能够对晚唐时期思想界的状况有个大体的了解。因此，选取了对后世有一定影响的无能子、罗隐、皮日休三个人与林慎思相比较，以期在此基础上使读者对晚唐思想界的状况有个粗略认识。

与无能子

无能子，唐朝末年思想家，真名已不可考，有《无能子》一书传世。《唐书·艺文志》道家类著录《无能子》三卷，云："不著人名氏，光启中，隐民间。"从其自序中可知，无能子虽曾做过小吏，但因缺乏达官援引，仕途无望，加之时代动乱，便过起了隐居生活。从此，他淡泊名利，苦中作乐，甚至于"自忘其姓氏，自委其行止，操竿投缕，泛然如寄"。无能子"少博学寡欲，长于穷理尽性"。在黄巢农民大起义中，在"昼卧不寐，随以笔札，辄记所得"的情况下，写成了这部"其旨归于明自然之理，极性命之端。自然无作，性命无欲"的著作，其书共分上、中、下三卷。

与林慎思所主张的"禹之孝在乎天下，不在乎一家也"，"天生大孝于舜，使化天下之人也"的"大孝"思想一样，无能子也主张要"孝慈天下"，而反对"孝慈一家"。无能子认为"古今之人，谓其所亲者血属，于是情有所专焉。聚则相欢，离则相思，病则相忧，死则相哭"。所以亲于所亲者，相熟尔；疏于天下之人者，不相熟尔。"若以熟所亲之熟，熟天下之人，则天下之人皆所亲矣。胡谓情所专耶？夫无所孝慈者，孝慈天下；有所孝慈者，孝慈一家。一家之孝慈未弊，则以情相苦，而孝慈反为累矣。"他明确反对那种以一家一族为单位，"情有所专"

的“孝慈一家”之“孝”，而主张“孝慈天下”之大孝，并且认为只有这种大孝，才能避免“一家之孝”所产生的各种弊病。

在“公利”思想上，无能子也同林慎思相似。他认为“至公近乎无为，以其本无欲而无私也”，并说：“尧舜在位，不以天子之贵贵乎身，是以垂衣裳而天下治。及朱均不肖，则以之授舜，舜授禹，舍其子如疣赘，去天下如涕唾，是以历万祀而天下思。”主张为政者要有至公之心，不能存有私欲，这样才能够达到天下大治，为万世所景仰。

另外，两者还都具有朴素的唯物论思想。与林慎思认为的“以丝虫为喜，未闻归福于乱；以枭鸟为怪，未闻降祸于德”的唯物思想一样，无能子也认为“虫鸟之动”并没有什么福祸征兆。所以他对某些迷信愚昧思想也进行了批判。如，许多人都认为枭是一种凶鸟，其叫声会给人们带来灾祸，若“杀之则庶几无凶”。无能子则驳斥道：“枭可凶人，杀之亦不能弭其已凶。将凶而鸣，非枭忠而先示于人耶？凶不自枭，杀之害忠也。”既然枭鸣会带来灾祸，那么它既已鸣叫，杀之亦晚。何况它又在招祸的同时向人鸣叫，岂非警告人们要躲避灾祸？如此看来，枭于人类岂唯无罪抑且有功，人类杀之是害忠也。再者，人与所有生物“俱生于天地无私之气，横目方足，虚飞实走，有所异者，偶随气之清浊厚薄，自然而形也，非宰于爱憎者也，谁令枭司其凶耶？谥枭之凶，谁所自耶？天地言之耶？枭自言之耶？天地不言，枭自不言，何为必其凶耶？”大自然对谁都一样，无所偏爱无所厚薄，万物之行，正如水之性温，火之质燥，云来雨随，风动树鸣一样，乃是“自然感应之理”，并非上天的有意安排，何来灾异祥瑞之征？因此他得出结论说：“凤者未必祥，枭未必凶。”即使征之社会人事，“善不必福，恶为必祸”的反常现象也太多了。若苍天有知，为何不赏善而罚恶，佑贤而黜劣？由此看来，所谓枭为凶鸟之说，实为迷信愚昧的无稽之谈。同样，无能子对于“河之巨鱼，春则连群集其下，力而上溯，越其门者则化为龙，于是拏云拽雨焉”这一说法也指出，“云雨来随蒸润之气，自相感尔，于彼何有哉”，说明云雨是天气变化的自然现象，“鱼跃龙门，则化为龙”是不可信的。这也是用唯物主义的观点，批驳迷信说教的一个事例。

与林慎思重视维护礼教制度截然不同的是，无能子对封建礼教制度持强烈的批判态度，其主要表现在对帝王及其尊贵地位的批判上。

首先，无能子从人类与其他动物“同生天地，交气而已，无所异也”的观点出发，论述了人类社会的天然平等：“所以太古时，裸虫与鳞毛羽甲杂处，雌雄牝牡，自然相合，无男女夫妇之别，父子兄弟之序。夏巢冬穴，无宫室之制，茹毛饮血，无百谷之食。生自驰，死自仆，无夺害之心，无瘗藏之事。任其自然，遂其天真，无所司牧。濛濛淳淳，其理也居且久矣。”后来，人类社会所以出现君臣尊卑、贫富贵贱之分，有仁义礼乐之教、五兵罗网之设，以至于产生种种社会不平等现象，这完全不是民众的自愿，而是那些被称为“智者”“强者”的所谓“圣人”造成的恶果。这些“圣人”在原始人群中，又“择一以统众，名一为君，名众为臣。一可役众，众不得凌一。于是有君臣之分，尊卑之节，尊者隆，众者同”，无情地破坏了先民们那种“自强

自弱，无所制焉”的无君无臣的原始社会秩序。“圣人”为了使君主的统治能亿万斯年地延续，便一方面代君主“强分贵贱尊卑以激其争，强为仁义礼乐以倾其真，强行刑法征伐以残其生”；另一方面又向民众大力灌输忠君思想，为君主“明礼乐，定旧章”，以“正人伦之序，杜乱臣贼子之心”。这样做的结果只能使人们“濛淳以之散，情意以之作”，导致贪欲和争斗之心的产生和崇尚虚伪的繁文缛节，因之丧失人类固有的淳朴天真的自然之性，最终导致整个社会的日益混乱，结果连创始者“圣人”也束手无策。推始究原，这一切全都是“圣人”给人类带来的灾难。都是“圣人”的“强名”所致。在此可以看出，无能子明显带有老子“大道废，有仁义；智慧出，有大伪”的思想特色。

自从先秦儒家（自然不仅仅是儒家）尊崇圣人以后，到无能子生活时代的千余年间，上自帝王下至平民百姓，几乎无不对“圣人”顶礼膜拜、高唱赞歌。无能子在举世颂扬“圣人”的礼赞声中，遗世独立、洁然不俗，公然把封建社会的一切弊端、人间的不平等都统统归咎于“圣人”，大张挞伐，这确是一种与众不同的叛逆思想。但贬低圣人所作的礼教制度，也即否定了人类社会历史在发展进程中所必须经历的阶段。只想停留在原始社会，那根本是不可能的。无能子的这段评论似乎又与他在《答华阳子问第二》中颂扬尧舜这些圣人以至公之心治天下“是以历万祀而天下思”，及周公以成王在不为天子，以成王幼甘居辅政，“是以全周之祀，活周之民，巍巍成功，其德不亏”的高风亮节有矛盾之处。

通过以上分析可以看出，无能子在社会政治思想上的主张，与林慎思是截然不同的。同样面对唐末乱世，为什么除了两者共同主张的要“以公利之心利天下”和“大孝不在乎一家”，以及在认识论上都具有朴素的唯物色彩这几点外，几乎没有什么共同点呢？或许，从根本上来讲他们的思想各不相同，林慎思是宗法儒家，兼及法家，主张儒法并用；而无能子则主要是宗法老庄道家的思想，主张清静无为，所以二人面对同样的社会状况，做出了不同的评判。

与罗隐

罗隐，字昭谏，杭州府余杭郡新城县（今浙江富阳）人，唐文宗大和七年（833年）生，梁太祖开平三年（909年）卒，主要活动于宣、懿、僖、昭四朝，《旧五代史》及《吴越备史》《十国春秋》等均有传。其本名“横”，曾自号“江东生”，以诗名于天下，尤长于咏史，但因恃才傲物，且又目睹晚唐社会的黑暗，其诗文“多以讽刺为主”，致公卿权贵恶之，故“凡十上不中第”。又《五代史补》言其“六举不第”，自觉仕途无望，遂更名为“隐”。他曾言：“君子有其位，则执大柄以定是非，无其位，则著私书而疏善恶。斯所以警当世而诫将来也。”故历经坎坷的他曾留下了丰富的著述，如《江东甲乙集》《吴越掌记集》《湘南应用集》《淮海寓言》《广陵妖乱志》《谗书》《两同书》等，但这些书多已散佚。作为一位生活在唐末乱世并曾有“执大柄以定是非”抱负的文人，罗隐不仅对当时的社会黑暗和政治腐败有着切身的体验和认识，而且对天下治乱之因有着深刻的观察与思考；其“才子十人，学殚百氏”的学识，则为他进行思考与辨析提供了很好的条件。

与林慎思相同，罗隐也主张为君者应施行王道政治，推行

仁政，为政以德，力戒骄奢。在《贵贱》篇中他就讲道：“处君长之位，非不贵矣，虽莅力有余，而无德可称，则其贵不足贵也。居黎庶之内，非不贱矣，虽贫弱不足，而有道可采，则其贱未为贱也。”并举例说：“昔者殷纣居九五之位，孔丘则鲁国之逐臣也；齐景有千驷之饶，伯夷则首阳之饿士也。此非不尊卑道阻，飞伏理殊。然而百代人君，竞慕丘、夷之义；三尺童子，羞闻纣、景之名。是以贵贱之途，未可以穷达论也。故夫人主所以称尊者，以其有德也。苟无其德，则何以异于万物乎？”接着他又说：“不患无位，而患德之不修也；不忧其贱，而忧道之不笃也。《易》曰：‘圣人之大宝曰位，何以守位？曰：仁。’苟无其仁，亦何能守位乎？是以古之人君，朝乾而夕惕，岂徒为名而已哉！实恐坠圣人之大宝，辱先王之余庆也。故贵者荣也，非有道而不能居；贱者辱也，虽有力而不能避也。苟以修德，不求其贵，而贵自求之；苟以不仁，欲离其贱，而贱不离之。故昔虞舜处于侧陋，非不微矣，而鼎祚肇建，终有揖让之美；夏桀亲御神器，非不盛矣，而万姓莫附，竟罹放逐之辱。”在《强弱》篇中他同样讲道：“所谓强者，岂壮勇之谓耶？所谓弱者，岂怯懦之谓耶？盖在乎有德，不在乎多力也。”“古之明君，道济天下，知众心不可以力制，大名不可以暴成，故盛德以自修，柔仁以御下。古之暴君，骄酷天下，舍德而任力，忘己而责人，壮可行舟，不能自制其嗜欲；材堪举鼎，不足自全其性灵；至今社稷为墟，宗庙无主，永为后代所笑，岂独当时之弱乎？”是故为君者要注意自身的德行修养，否则，贵贱将易位，强弱将倒置。在《损益》篇中，罗隐说：“益莫大于主俭，损莫大于君奢。”如若国君骄奢，“则天下多事”，天下多事，“则万姓受其毒，其于豺狼亦已甚矣。是故古先圣君，务修俭德：上阶茅宇，绨衣粗裘，舍难得之货，掊无用之器，薄赋敛，省徭役，损一人之爱好，益万人之性命，故得天下欢娱，各悦其生矣”。劝君俭以养德，力戒骄奢，与民同乐。

同时，罗隐亦主张为君者要能听得进逆言，“听八音而受谏”，能够辨别忠臣之诤言与佞臣之媚语，做到忠奸分明、赏罚公允。在《爱憎》篇中，他说道：“若夫忠臣之事君也，面诤君之恶，方反成君之美，而君反以为憎己也；佞人之事主也，面谀主之善，方反长主之过，而主反以为爱己也。殊不知闻恶而迁善，永为有道之君；悦善而忘恶，长为不义之主。是则致君于有道者，岂得不为大爱乎？陷主于不义者，岂得不为大憎乎？而主不原忠谄之情，轻肆向背之志，以为爱己者，己亦爱之，则宠光加于三族；以为憎己者，己亦憎之，则夷灭被于五宗。遂使剖心刎颈之诚，弃而莫用，舐痔吮痈之类，擢以殊级。且夫赏以劝善，名以爵贤，使天下不肖者有名，无功者受赏，则何以劝天下乎？法以禁非，刑以惩恶，使夫怀忠者坐法，行直者遇刑，则何以禁天下乎？”

在用人观上，与林慎思一样，罗隐同样主张为君者要礼贤下士，招纳贤良之人，所谓“理天下者，必求于贤臣之用”，“夫主上不能独化也，必资贤辅”。在《敬慢》篇中，他说：“明主之于天下也，设坛授将，侧席求贤，贲束帛于丘园，降安车于途巷，故得真龙就位，振鹭来庭，天下荣之，愿从其化也。昧主之于天下也，披裳接士，露发朝人，视贤良若草芥，比黎庶为豕畜，是以白驹投谷，飞鸿逝云，天下恶之，愿逃其耻也。”并举其例说：“昔文侯轼干木之闾，昭王筑郭隗之馆，故得群才毕

至，骏足攸归，何则？以敬之所致也。齐桓有葵丘之骄，汉祖轻过赵之骂，故有诸侯不附，大臣构逆，何则？以慢之所致也。”主张为政者当礼贤下士，只有如此天下贤才才能归附于己，为己所用。在讲到如何辨别贤才时，他同林慎思的观点一致，认为只有靠实践来检验：“夫众之所誉者，不可必谓其善也；众之所毁者，不可必谓其恶也；我之所亲者，不可必谓其贤也；我之所疏者，不可必谓其鄙也”，“苟有难知之人，试之以任事”就真伪自辨了，与林慎思“用之而已”的观点非常相近。

从罗隐所写的文章题目上就可看出他也与林慎思一样拥有丰富的辩证思想。内容上亦是如此，比如关于强弱关系他讲道：“夫强不自强，因弱以奉强；弱不自弱，因强以御弱。故弱为强者所伏，强为弱者所宗。上下相制，自然之理也。”关于君臣关系，他说：“水能浮舟，亦能覆舟；臣能辅君，亦能危君。”在讲到亲人朋友之间的关系时，他说：“父子兄弟非不亲矣，其心未必同；君臣朋友非不疏矣，其心未必异。”关于真伪，他则讲道：“然则善恶相生，是非交蹂，形彰而影附，唇竭而齿寒，苟有其真，不能无其伪也。”不仅如此，罗隐还认为矛盾双方是可以相互转化的，如他在《理乱》篇中曾分析水火之“利”与“害”的转化时说：“昔伯益凿井，燧人钻木，水火之利，于今赖之。然智伯因之以灌赵城，董卓因之以焚汉室，是乃为害亦以甚矣。”与林慎思的“火能炮燔，亦能为灾；水能润泽，亦能为沴”的思想是基本相同的。

罗隐十分重视矛盾双方相互转化的度，认为只有掌握好这个度，才能达到趋利避害的效果。所以他在《厚薄》篇中说：“夫外物者，养生之具也，苟以养过其度，则亦为丧生之源也。是故火之所宜者，膏也；木之所宜者，水也。今以江湖之水，清其尺蘖，斛庾之膏，沃其皇烛，则必见坏灭也。故性命之分，诚有限也，嗜欲之心，固无穷也。以有限之性命，逐无穷之嗜欲，亦安可不困苦哉！”

与皮日休

皮日休，字袭美，一字逸少。襄阳（今属湖北）人。居鹿门山，自号鹿门子，又号间气布衣、醉吟先生。早年即志在立功名、佐王治。但其科举之途迭经坎坷，屡遭挫折，一直到咸通八年（867年）才以榜末及第。咸通十年为苏州刺史从事，与陆龟蒙相识，并与之唱和。其后又入京为太常博士，出为毗陵副使。僖宗乾符五年（878年），黄巢军江浙，皮为黄所得。黄巢入长安称帝，皮日休任翰林学士。

皮日休与林慎思相比最大的相似之处，就是都十分推崇孔孟思想。对于孔子，皮日休认为：“先师仲尼，迈德于百王，垂化于万世”，“仲尼之化也，不及于一国，而被于天下；不治于一时，而霈于万世”，“夫子之道久而弥芳，远而弥光。用之则昌，舍之则亡。”这一点与林慎思所主张的“仲尼之道，高大无穷焉，亘万代而乃容，非一时之能容矣”的思想很相近，这也许是因为他们皆遭逢唐末乱世，所以都想通过复兴儒学来挽救社会危机，以实现拯救时弊的政治抱负。在《原化》中，皮日休明确表达了自己的这一主张：“圣人之化，出于三皇，成于五帝，定于周、孔。其质也，道德仁义；其文也，《诗》《书》《礼》《乐》，此万代王者未有易是而能理者也。”而当时社会恰恰是

圣教陵迟，佛老盛行，“今知化者，唯西域氏而已矣。有言圣人之化者，则比户以为嗤”的状况。因此他痛心疾首地感叹道：“呜呼！今之士，率邪以御众，握乱以治天下，其贤尚尔，求不肖者反化之，不曰难哉！不曰难哉！”对于孟子，由先前叙述我们可知林慎思作了《续孟子》一书。皮日休在《皮子文薮》中则写了《请孟子为学科》一文，其理由正是《孟子》之文不仅“继乎六艺，光乎百氏，真圣人之微旨也”，更重要的是孟子的思想是“汲汲以救世补教为志”的。同时皮日休还主张“命有司去庄列之书，以孟子为主”。这都充分表明了二人对于孟子思想在唐末乱世中作用的重视。

其次，皮日休同林慎思一样，也主张为政以德、与民休息。他说：“圣人继运以德，受禅以仁”，“谆谆之命，必归于德盛者”，“帝苟不德，则辅相叛、诸侯乱。古之人，失天下、丧家国者，良由是也。帝身且不德，能帝天下乎？能主家国乎？”认为帝王如若失去仁德，即会失去天下，仁德决定帝业成败、关乎天下兴亡。如果“耳厌闻义，目恶观仁”，则会“足践祸门”。因此帝王应重视仁德、体恤民生，以赢得民心、安定天下，绝不能视民如草芥，滥用民力，使民不堪命。

在《读司马法》中，皮日休就指出：“古之取天下也，以民心；今之取天下也，以民命。唐、虞尚仁，天下之民从而帝之，不曰取天下以民心者乎？汉、魏尚权，驱赤子于利刃之下，争寸土于百战之内，由士为诸侯，由诸侯为天子，非兵不能威，非战不能服，不曰取天下以民命者乎？由是编之为术，术愈精而杀人愈多，法益切而害物益甚。呜呼，其亦不仁矣！”在《汴河铭》《隋鼎铭》中，皮日休以古讽今，强烈谴责隋炀帝役使民众，开凿运河，“昼泣疲民，夜哭溺鬼”“以诈为金，以贼为铸，以虐火煎四海，以毒气蒸九土”的暴行，这实际是对懿宗大兴徭役、野蛮搜刮的愤怒声讨和抗议。

再者，二人都反对愚忠愚孝。封建制的社会组织核心是宗法制，宗法制的核心思想纽带就是一个“孝”字。历代统治者提倡孝、表彰孝，结果出现了许许多多不合情理的事，以及愚蠢残忍的行为，出现了许多伪君子，所以皮日休提出了“鄙孝议”。所谓鄙孝，鄙的就是那些“糜骨节、隳肢体”“谓己肉可以愈父母之病，必剸而饲之”的行为，而这种行为常常是“大者邀县官之赏，小者市乡党之誉”。对此，“通儒不以言，执政不以禁”，终于“扇成厥俗”。为禁止这种陋习，皮日休认为执事者应“责而不贵，鄙而不旌”，这样才能“隳教之风息，毁制之道壅”。对于“庐墓三年”之习，皮日休也提出异议，他认为“自汉、魏以降，厥风逾甚”。这种风气违反了圣人之制，违背了人情，“民之心，必有嗜欲，必知饥渴，自开辟而至于今，未能改也”。而此风来自“子贡居于夫子墓侧，六年乃去”的做法，这样做不符合孔子的愿望，是“口受圣人之言，身违圣人之礼”，是“罪大矣”。这些见解都有极为深刻的意义，开了明末乃至近代反对愚忠愚孝的先声。

皮日休还认为，在儒家眼里，尧舜历来是古代帝王的楷模，可一直以来“尧有不慈之毁，舜有不孝之谤”，但殊不知他们在孝慈是“被天下”“及万世”“而不在于子”“不在于父”的。即使像尧舜这样的“大圣”，民且谤之，“后之王天下、有不为尧、舜之行者，则民扼其吭，捽其首，辱而逐之，折而族之，不为甚矣！”这比孟子评价周武王革命“闻诛一夫纣矣，未闻弑君

也”的说法更加彻底和激烈。这是严正的警告，也是民众愤怒的心声，这自然有其现实的真切感受。或许正是存有这一想法，他在黄巢攻入长安后，才毅然投奔了义军吧。

另外，皮日休在用人观及人性论等方面也与林慎思存在着相似之处。比如在用人上他说：“不举贤，足以亡国。”他理想的“真吏”是“清介如伯夷”“宰邑无玷疵”的人，认为只有任用廉洁的官吏，才能够减轻民众的痛苦。在讲到人性问题时说：“上善出于性，大恶亦出于性。中庸之人，善恶在其化者也。”“夫易化而善者，齐民也。唯吏与贾竖，难哉！”与林慎思的“性有善恶可随化而迁”及“叛民盗吏难化”的思想相近。

二人在认识论上也有相似之处，皮日休也具有朴素的唯物论和辩证观思想。他对儒家经典笺注中的神秘主义进行了批判。《周诗》曰：“驷骢彭彭。”历来注家皆认为，这是以驷骢的不同颜色来象征殷朝将为周朝所替代。皮日休则指出这是“毛公悮笺、沈约过释”，“圣人继运以德，受禅以仁，如以马之色，示于代殷，则吾以圣人用于左道矣”。皮日休反对用神秘主义来解释历史，具有反对占统治地位的神学史观的意义。对卜筮、相法等迷信，皮日休也持反对态度。他指出，热衷于卜筮的人“上不能匡于君，下不能称其职”，会贻误国事。他把对于相法迷信的批判与社会道德的批判结合起来，嘲讽了以龙、凤、驺虞的相貌自比的帝王将相、达官贵人们“言其貌类禽兽则喜”“言其行类禽兽则怒”这样一种自相矛盾的丑态，尖锐地揭露了他们“行不若禽兽”的真实面目。

皮日休在《周昌相赵论》中肯定了《周易》所包含的“刚柔转化”的朴素辩证法思想，这一思想在《汴河铭》中得到了充分体现。他以隋炀帝为例，认为隋炀帝下令疏通淇水、沐水，凿通太行山，形成南北一线的大运河，虽然“在隋之民，不胜其害也”，但“在唐之民”，却是“不胜其利也”，“先功巍巍，得非天假暴隋，成我大利哉！”所以皮日休讴歌说：“尽道隋亡为此河，至今千里赖通波。若无水殿龙舟事，共禹论功不较多。”

林慎思与皮日休最明显的区别则是，一个在义军面前骂巢而死，一个叛唐投奔了义军。林慎思在义军攻进长安时，拒不投敌慷慨赴义。而皮日休虽然喊出了“疠乎疠乎！有事君不尽节，事亲不尽孝，出为叛臣，入为逆子，天未降刑，尚或窃生，尔宜疠之”的豪言壮语，但最终却做了黄巢的翰林学士。其中原委虽不为人所尽知，但至少表明，他并没有像林慎思那样以死抗争。究其思想根源，也许这与他所主张的“后之王天下有不为尧舜之行者，则民扼其吭，捽其首，辱而逐之，折而族之”的思想有关吧。

通过比较，我们或许能够对林慎思与他同时代人的思想异同有个大体的了解。从中可以看出，不同的人在面对唐末乱世时都各自提出了不同的主张。其中不乏针锋相对的观点，例如，无能子对礼教制度的鞭笞与林慎思、罗隐等人对孔孟思想的推崇。但更多的却是相同点，对王道政治的推行、公利之心的提倡等等，几乎都成了他们当时所共同关注的焦点，这在一定程度上反映了当时处在乱世中，人们都渴望过一种太平生活的共同愿望。

尤为重要的是，皮日休《请孟子为学科》的呼吁，以及林慎思对孟子思想的继承与发展，不仅承续了前人对孟子思想的研究成果，而且在某种程度上也影响了宋明理学对孟子思想的进一步研究，这一切或能说明晚唐思想界并非像人们所想象的那样如“一潭死水”吧！

蘭桂同芳
儒英忠義
德威輝翰墨萬古文章燦斗牛
節義凜冰霜
忠貞貫日月
忠義秉綱常千秋浩氣昭雲漢

第六章

杀身成仁 名垂青史

广明元年十二月（880 年）中旬，黄巢率领义军攻占长安城，金吾大将军张直方率文武官员数十人投降。林慎思怒发冲冠，领官兵迎战，力不支，欲自刭，贼执之，以利逼其降。林慎思踞床大骂黄巢，北面稽首，遂遇害。唐光启三年（887 年），钦赐造大墓以奠忠烈，命郡邑首祀于忠烈祠与乡贤祠。唐昭宗褒其门曰“忠义名家”，手诏“忠贞贯日月，义节凛冰霜”。追封为水部尚书，谥“忠烈”。

杀身成仁

唐僖宗乾符（874—879）年间，全国各地饥荒连年，但州县仍催征勒索，各处农民纷纷起义，百姓流离失所、民不聊生。这时僖宗在朝，每日沉迷嬉戏，不问朝政。林慎思以国事为重，与余镐等人连续上书谏君劝政。要求朝廷改善政治，安抚百姓。无奈以田令孜为首的宦官专横跋扈，残害忠良。

唐末，宦官专权已经成为皇室肌体上的大毒瘤，由此导致李唐王朝的灭亡。

田令孜，四川人，本姓陈，字仲则。在唐僖宗李儇为晋王时，他负责侍候晋王起居，经常与之同吃同睡同玩。李儇即位后，称他为“阿父”，将他升为左神策军中尉、左监门卫大将军。

对于田令孜的种种恶行，官员们敢怒而不敢言。只有林慎思和余镐一心忧国忧民，他们几次冒死上奏。结果，不但没有被采纳，反而触犯了田令孜，林慎思被贬为长安万年县令。余镐谪居原籍回到莆田老家，永不录用。

林慎思虽然被贬官，仍忍辱负重，任劳任怨，任内勤职惠政，卓有名声。当时其他州县的官吏压榨百姓，严刑峻法，独万年县吏治清明，他同情百姓疾苦，施仁政爱庶民，百姓多感其恩惠。

乾符二年（875年），河南王仙芝造反攻陷濮州后，山东黄巢聚众数千人响应王仙芝，攻掠州县，横行山东。此时的大唐王朝，租税繁重，民不聊生，老百姓纷纷加入造反大军，因此，黄巢的队伍迅速扩大到数万人。

黄巢率军转战江南，攻陷福州、广州等地。乾符六年（879年），黄巢又挥军北上，进攻襄阳。唐将刘巨容等率军大败黄巢于荆门。黄巢曾表示要向朝廷投降，但田令孜与宰相卢携为了让荆南节度使高骈立功，皆不许。林慎思考虑到此时官兵的战斗力，表示招安为上策。田、卢则认为高骈文武全才，能够剿灭黄巢。当时昭义、感化、义武等藩镇的唐军已赶至淮南，准备参加围剿黄巢的战斗。但高骈恐功劳被别人抢去，便上奏朝廷说盗贼可剿灭，不烦诸道兵将。诸镇退兵后，高骈即与黄巢展开决战，战斗中唐军大将张璘阵亡，高骈畏惧不敢再战，却启奏朝廷自己能消灭黄巢，随后装病，更不出战。

黄巢军势如破竹，直捣东都洛阳，并准备攻取长安，唐僖宗与宰相们只会相对而哭。田令孜建议唐僖宗幸蜀避难，但唐僖宗不愿受逃亡颠沛之苦，要田令孜发兵守潼关，并任命田令孜为左右神策军内外八镇及诸道兵马都指挥制置招讨使。可田令孜只派了左神策军马军将军张承范等，率神策军弓弩手2800人赴潼关。

神策军军士都是由长安城官家子弟组成，出征之前，他们雇佣长安城坊里的穷人代替自己出征。这些被雇的穷人连兵器都扛不动，更不消说打仗了。很快黄巢攻破潼关，直逼长安。

田令孜听说黄巢已入关，害怕皇帝怪罪自己，就把责任全推到宰相卢携身上，贬卢携为太子宾客，并推荐王徽、裴澈为相。当天夜里，卢携便饮鸩身亡。

广明元年（880年），黄巢占长安，田令孜率五百神策军保护唐僖宗从金光门逃出前往四川避难。当时，只有福王等四王及

嫔妃数人从行，林慎思等许多朝廷官员则全然不知就里。

广明二年（881年）正月，唐僖宗逃到成都。一到成都便将田令孜晋升为左金吾卫上将军兼判四卫事，并封为晋国公。唐僖宗看到成都狭陋，不如长安，心中闷闷不乐，经常与嫔侍饮酒解闷。田令孜为了哄唐僖宗开心，便让仆从们对着唐僖宗高呼“万岁”，唐僖宗这才稍许感到些安慰。

僖宗成为玄宗之后又一位避难逃往四川的皇帝。诗人罗隐有《帝幸蜀》诗咏其事：“马嵬烟柳正依依，又见銮舆幸蜀归。泉下阿蛮应有语，这回休更冤杨妃。”（“阿蛮”是唐玄宗的小名）号称“秦妇吟秀才”的唐末进士韦庄《立春日作》与此意境相同：“九重天子去蒙尘，御柳无情依旧春。今日不关妃妾事，始知辜负马嵬人。”

> 广明元年（880年）十二月中旬，黄巢率领义军攻占长安城，金吾大将军张直方率文武官员数十人投降。林慎思怒发冲冠，领官兵迎战，力不支，欲自刭，贼执之，以利逼其降。林慎思踞床大骂黄巢，北面稽首，遂遇害。

广明二年（881年）三月，唐僖宗李儇在四川成都建立流亡小朝廷，发号施令，各地藩镇纷纷出兵，在京城四面诸道行营都统郑畋指挥下，包围长安。四月，程宗楚、唐弘夫、王处存等率官军夜入长安城，黄巢率部撤出长安后，引兵还袭，自诸门分入夺回长安。不久，官军卷土重来，继续围攻长安。

中和二年（882年）正月，唐僖宗以王铎兼中书令，充诸道行营都统，崔安潜为副都统，周岌、王重荣为都统左右司马，诸

林慎思像

葛爽、康实为左右先锋使，时溥为催遣纲运租赋防遏使，王处存、李孝昌、拓跋思恭为京城东北西面都统，杨复光为南面行营都监使，准备对长安进行新的反攻。中和三年（883年）三月初六，唐军与黄巢军战于渭南，一日三战，官军三战三胜，黄巢军支持不住，损失惨重。四月初八，李克用率部从光泰门攻入长安。黄巢力战不胜，巷战又败，于是率部众退出京城，自蓝田进商山，沿途多遗珍宝于路，唐军争相拾取，延误了追击时间，黄巢军按计划撤退入河南境内。

从唐广明元年十二月黄巢军进入长安，到唐中和三年四月黄巢退出长安，历时两年零四个月，长安城最终失而复得。

唐僖宗杀回长安后，论功行赏，认为林慎思忠君为国，立祠旌表，以彰其迹。当然，朝廷对林慎思的褒扬，还有更深的目的。宰相崔胤投靠朱全忠，太监韩全诲联合藩镇军阀李茂贞，四人互为表里，争夺最高权力。故而朝廷褒扬林慎思的真正目的是笼络人心、缓解危机，但并未达到预期的效果。天祐元年（904年），朱全忠杀掉宰相崔胤，天祐四年（907年），唐朝灭亡。

名垂青史

林慎思杀身成仁，好友忠武节度使周岌钦敬重他的忠贞报国，匿其母游氏太夫人、妻刘氏与子女南旋，避回福州长乐故里，妾王氏携其所生子遁迹海滨，避居浙江天台县。迨至黄巢起义军失败后，其子微、峣、徵、遁奉父柩归葬长乐昌化乡弦歌里龙桥山。其墓背负太常山，前朝洪山，与震龙桥相望。后人称之为“渡桥大墓山”。

唐光启三年（887年），钦赐造大墓以奠忠烈，命郡邑首祀于忠烈祠与乡贤祠。唐昭宗褒其门曰“忠义名家”，手诏“忠贞贯明，义节凛冰霜”，追封水部尚书，谥“忠烈”。

据《长乐县志》记载：“唐林水部慎思墓在十四都渡桥大

林慎思墓

仲蒙公神道碑

钦赐两次重修

墓山。”《玉林世谱》亦载，仲蒙公第三子唐进士徽公，因庐墓迁居渡桥，守冢以全孝，遂不仕，并建“龙桥宝林祠堂”于墓前，专祀仲蒙公。祠之后，通墓山路旁有“仲蒙公神道碑”，刻有“唐忠烈宏祠进士拔萃魁尚书水部郎中仲蒙林公神道”。祠之前，通衢官路旁有“下马碑”，刻有“文武官员到此下马”。此墓历代朝廷颇为重视，其中有文字记录：宋咸淳五年（1269年），长乐知县宣教郎尤葵率属僚拜祭仲蒙公墓。元至治三年（1323年），长乐县主簿揭佑民奉旨致祭仲蒙公墓。元元统三年（1335年），长乐典史王贵、儒学教谕邓禄孙致祭仲蒙公墓。清乾隆五年（1740年），长乐知县廖兴镇奉旨重修；乾隆二十七年（1762年），长乐知县贺世骏又奉旨重修，并在墓后立有“钦赐两次重修”大石碑。同时，仲蒙公读书处筹峰德成岩“忠贤林公

祠”及福州乌山山兜尾白水井之“林公祠”都有奉旨重修，并立有“奉旨祀典”“奉旨重修建造德成岩”等石碑。

林慎思殉难之时，与他生死之交的余镐正隐居福建莆田，“噩耗传来梦亦惊，寝门为位泪泉倾”。为此，余镐百感交集，写下了催人泪下的《哀林虔中》一诗，云：

接翅十年同抗疏，投荒万里独登楼。
常山忍为孤城死，睢水空存百战谋。
菡草漫从灰里觅，嘤声长向梦中求。
欲知后死今何为？已在莆中买钓舟！

据莆田余氏祠堂碑文记载，余镐不仅是林慎思的妹夫，而且二人还是同窗好友、同科进士、同朝为官。因林慎思是护国佑民的好官，余氏后人将他奉为神明以示纪念。每年正月元宵节，余氏族人抬出林慎思的神像敬拜，今延之。

宋仁宗皇帝表彰忠烈，为林慎思殉国褒显，诗赞：

忠烈褒开忠义先，
长林衍派子孙延。
剖心悟主全天性，
割舌书巢配古贤。
芳桂风高香自远，
宏词价重墨犹鲜。
德成岩上留名在，
绩著万年亿万年。
吾家衍派自仲蒙，
气义文章景仰公。
成德成仁敦大节，

报君报国殚精忠。
开唐擢第儒林振，
续孟传书篇什同。
功大实宏天必寿，
而今而后子孙隆。

明代闽中十才子之一王恭为表达对林慎思的景仰，作诗云：

忆昨伸蒙骂贼时，
悠悠往事亦堪悲。
支离一代忠臣义，
感激千秋达士知。
郎官作县先名节，
独访遗踪吊前列。
载酒唯浇石上苔，
回鞭不醉山中月。
东山歌酒兰亭笔，
疏散当年竟何益。
愿君遗爱比桐乡，
功名记在筹峰石。

这里的“支离”指分散、离奇不正或残弱不堪的样子。“达士”的意思是明智达理之士。

此外，明·林在宾（林慎思后

全：指完备、齐备、完整、不缺少。

天性：指人先天具有的品质或性情。

景仰公：意思是仰慕、佩服尊重林慎思。

篇什：《诗经》的《雅》《颂》以十篇为一什，后用篇什指诗篇。

裔）诗赞：

三宝昨夜游，豁我平生趣。
今朝朋辈复相携，载酒行寻德成路。
筹阳之峰摩紫青，德成之岩连杳冥。
我祖当年卧丘壑，口诵唐虞有真乐。
七篇续孟继前贤，槐里千言觉来学。
一旦披云入帝乡，薜萝泉石生辉光。
舍生骂贼励臣节，德已成兮名愈香。
悠悠往事成千载，此日登临增感慨。
昔时遗像宛如生，昔种松杉今尚存。
玩景兴转逸，探奇恣徘徊。
寒山拾得久相待，石门潇洒无纤埃。
钟吕仙人安在哉，丹光照耀金银台。
涤非爱此水，泠泠可以清心怀。
回首阳谷春，卉木青如苔。
披心骋目万里外，飞涛走浪奔晴雷。
琼筵绮席天上开，酣歌长啸清风来。
且将功名富贵等流水，一饮须倾三百杯。
倏而天际红轮坠，叠嶂回峦耸烟翠。
花台闲月照闲眠，石鼎香茶洗余醉。
醉起扶桑旦气澄，狂吟大笑别山僧。
吟成纪在筹峰石，万丈蓬莱指日登。

明·林迩泉（林慎思后裔）诗赞：

亚圣卫至道，游心在唐虞。
大贤立名言，千古有遗书。
我读续孟篇，正节惊鸿儒。
仁义激湮蕴，秃风昌由趋。
怀哉水部郎，夙擅播与玓。
宏词奋奇藻，拔萃登云衢。
丑口季云末，巢兵肆冥愚。
忠肝薄伪官，斥之思捐躯。
演理继前响，高风邈天隅。
巍巍续孟言，筹岩常与俱。

总括而言，林慎思生不逢时，最终以悲剧闭幕，他想为国效力，却遇到昏君；想为民做事，却遇到衰世。然而，他大胆阐发儒学思想，并将其发挥得更加完美，是唐中晚期杰出的思想家，堪称“吾闽千载不朽之高士”。他的儒学思想实际上将孔孟以来的传统观点发挥得更为完美。

据《福建通史》载：“唐末闽中儒者最优秀的代表要数林慎思。他所达到的哲学深度远远超过唐宋的韩愈、欧阳修等人。他的天命与人事并重，教化与刑法并重，内因决定事物变化的思想，以及同情百姓、鞭笞腐败的立场，对宋代理学家有一定的影响。”

林慎思短暂的一生，以著书续孟、弘扬儒学、谏君劝政、勤政惠民、忠贞为国而名载青史。唐僖宗皇帝旌其闾为“儒英忠义”，诏立忠贤祠祀典于其筹峰山读书处。

后世仰慕林慎思忠义，先后在筹峰山德成岩、渡桥山大墓前

及福州城内乌石山等处修建专祀纪念，而且历代多有宠赐重修。《八闽通志》《闽书》《福建通志》《福州府志》及《长乐县志》等都有为其立传。

宋大尹尤宣教祭伸蒙祠文

维大宋咸淳四年，岁在戊辰二月朔壬午十有六日丁酉。宣教郎知福州长乐县主管劝农公事锡山尤葵，谨再拜忠贤伸蒙林先生之祠，而奠以文曰：先生千载士也，其修身立言皆有经世志，唐艺文录之。凤鸟不至时无文明祥，不竟其用，卒抱忠贞以死。悲夫！然自唐至五代，国虚人鬼，俯仰之际，即为微尘。而《续孟》数书藏之名山，波及后代，是以崇高节以抗浮云，斯文之泽远矣哉！葵来斯邑，始知古灵先生孕育斯土，松偓犹存。明年，又闻伸蒙之名，欲造其读书之庐无从也。邑虽小乃如之入鲁邦所瞻，后五百年表而出之，犹旦暮也。尚论其世，敢以先生祠于学宫之右，位在古灵之上，伸蒙入观，此其验乎。树之风声，仪我国人。永承无斁，其将有考于斯文。

宋大尹尤宣教奠伸蒙墓文

维大宋咸淳五年，岁在己巳三月朔丙午越三日戊申。宣教郎知福州长乐县主管劝农公事尤葵，谨率属拜于贞节伸蒙林先生之坟而奠以文曰：自轲之死，孰谓无传荀、扬而下，原道一篇。方叹遗响之不续，夫岂复知有名世者而作焉。观《续孟》之二卷，有仁义之徵言。丑口末季，巢寇祸延，伪爵弗顾，正节凛然。此盖养威武不屈之志，故可蹈于白刃之前。夫何能捽颜，公骂贼之舌，而不能血食于闽地之山川。葵来斯邑，慨慕儒先，览蒋居士之墓志，见先生之名存。思蒋居士既没于嘉定巳己之后，则先生之道湮郁而不宣。今吊祭聿举于咸淳巳己之岁，则先生之道起冷灰于复燃。则历甲子倾环之气数，使坠绪复接而绵绵。呜呼！酒一沥兮撤九泉，香一炷兮心拳拳，稠岩在望兮高赞屼，瞻之仰之兮道常尊。

元主簿揭将仕奠伸蒙墓文

维大元至治三年，岁在癸亥十一月己丑朔十有七日乙巳。将仕郎福州路长乐县主簿盱江揭佑民，钦奉诏旨，忠臣义士有司致祭。管内有贞节伸蒙林先生，死节于唐，忠义可尚，举行祭礼，俾沐圣恩。谨率属拜于墓下而奠以文曰：士有负刚大之气，不可屈者，其造次必于是颠沛，必于是投悝之难，子路死之；入狄之军，先轸死之；此皆平昔所养素定。唐外难孔多，而死节之士有二颜，有张许。及巢贼之乱，而有伸蒙子。呜嘻！先生高矣。率士往拜之，为《续孟》有书也，为不臣于贼也。鸡絮之微，觞醴之薄，足见百世景慕之意。稠岩远而，招蒙迩而，先生在而。

元大尹曹承务奠仲蒙德成岩文

维大元元统三年，岁在乙亥正月朔甲申二十有五日戊申。承务郎福州长乐县尹兼劝农事曹阔阔台，典史王贵，谨以牲醴之奠致祭唐尚书水部郎中伸蒙林先生曰：公之忠诚贯日月，气节凛风霜，著述见于艺文志，声光在宇宙。生在乡邦，死在社稷。精神流行如水在地中，无在无不在也。一时敢死，千古独超。流风余韵百世之下犹能廉顽立懦，况于其乡哉！阔阔台叨县领符，偶在公里属拘印韨，谒拜未遑，兹钦遵明诏，敬陈菲荐，且访问其后人丘茔所在，仍禁止其樵牧。兴起士风，庶其在是。英灵未泯，尚鉴此心。敢告。

元王典史邓教谕奠仲蒙墓文

维大元元统三年，岁在乙亥四月朔癸丑十有二日甲子，福州路长乐县典史王贵，福州路长乐县儒学教谕邓禄孙，谨以庶馐致祭于唐水部郎中伸蒙公林先生之坟曰：《续孟》一书，《伸蒙》数语，继往圣之绝响，开后学之聋瞽，振百世之文教，为闽中之邹鲁。惜乎生不逢时，死得其所。不忘首丘，归藏此土。乃者拜谒稠岩，揖清风而蹈高武。祠于佛舍之傍，非所以列笾豆而陈樽俎。使尊贤尚德之心，阙然为之消沮。今义请县长将一新其祠宇，计诸后人誓不坠其芳绪。呜呼！九原可作，吾将谁与，炯炯寸忱，寄此淆醑。

尚飨

影响后世

一千多年来，林慎思忠君爱国的故事，在长乐可谓家喻户晓、妇孺皆知。受他的影响，长乐历代忠君爱国之臣层出不穷。宋有林安上屡次上书弹劾黄潜善、汪伯彦误国；林采“尝陈岳飞之冤，乞再褒赠，追封鄂王”。南宋末，名列宋室忠烈者有：高应松为“不草降表忠节死国之臣”；陈公荣率子宗传、侄老成，倾家产募兵抗元，子弟兵勤王战死者一百七十三人；陈文龙以“文章节义”，与文天祥齐名；杨梦斗与兄琦、弟叔济、侄次郑，号“河东四凤”，因抗元兵败，在扬子江凿舟自沉。明代有林公黼、郑源焕、陈谈三人谏武宗南巡，其中林公黼为国谏君被活活打死于金銮殿。耿耿忠心，烈烈英风，后先辉映，代代相传。抗战时期，长乐人民更是群起抗击，为御侮卫国同仇敌忾，争先杀敌，慷慨捐躯。

忠贤祠

鉴于此，历代学者如黄璞、欧阳修、朱熹、郑

世威、林尧俞、刘沂春等都给予林慎思高度评价。现代版的《诸子百家大辞典》《辞源》《中国人名大辞典》《福建名人辞典》《福建思想文化史纲》《福建通史》等也都有记载林慎思的历史功绩与著作。《中国政治思想史》《中国儒家学术思想史》《中国教育思想通史》《中外教育名家名著介绍》等名著，都以长篇大论推崇林慎思的思想。

林慎思杂采众家，政治观是儒家的，历史进化论承袭法家，自然观与荀子一脉相承，又从道家那里吸取了朴素辩证法思想，集儒、道、法诸家于一身。他所提取出的今胜于昔的进化论历史观、国家兴衰由乎人的观点、事物矛盾相互转化的辩证观等，在中国思想史上都具有重要的地位，不愧为“八闽思想第一人”。他所提出的德才兼备的人才观、唯贤是举的选官思想，至今仍具有参考价值。

因此，林慎思的儒学境界，其忠诚的劝谏精神，与中华林姓太始祖比干是一脉相承的。商末纣王残暴无道，倒行逆施，微

“忠义”牌匾

德成忠烈

子、箕子累谏不听，一去一囚，比干叹曰：“主过不谏非忠也，畏死不言非勇也。即谏而不从且死，忠之至也。”乃奉面进谏不去，被纣王剖心而死，纣王终沦为亡国之君。林慎思承先贤远溯太始祖比干，近则秉承家学渊源，为后世树立榜样楷模。他的后裔宗族堂号称“忠义林家”，子孙后代遍布长乐50多个乡镇村庄，是吴航一大姓，也是福州地区林氏第一巨族。

而忠孝家风薪火相传，名彦硕儒层出不穷。历代登进士第者有：林安上、林仲山、林冠英、林慈、林德、林公黼、林恕、林士章、林天龄、林开謩、林锡光等，名臣循绩名列史册者比比皆是，可谓世代簪缨科甲蝉联，素有“吴航甲姓”之称。而由长乐移居省内外30多个县市，再播迁中国港、澳、台地区及东南亚、欧美各国，可谓“四海之内皆兄弟！”一千多年来，循吏贤达、科技精英、革命英烈彦，为国立功、为民造福者不计其数，皆得益于林慎思儒风之启发、递传与发扬。

后　记

福建，山海相拥，人杰地灵，人文荟萃，英才辈出，产生了许多伟大的思想家、文学家、教育家、科学家和民族英雄、爱国先驱、革命将士、时代楷模。他们的教育成长、道德品行和思想文章，是福建的宝贵精神财富，教育和激励着一代代福建人努力学习、奋勇前行。福建省社会科学界联合会组织编写的“福建历史文化名人丛书”，以福建历史名人为题材，古今结合，意在从高处着眼、从基础着手，普及人文社会科学知识，促进人文道德养成，使社会科学知识走进大众、走进生活、走进现实，让更多的人了解福建历史名人，弘扬优秀传统文化，增强福建文化影响力和感染力，为建设文化强省添砖加瓦。

“福建历史文化名人丛书”（第四辑）所包含的陈元光、林慎思、吴夲、胡安国、李纲、真德秀、黄乃裳、陈季同、萨镇冰、林森10个人物故事，记录了福建文化之于中国历史的影响，同时也以人物史的叙述方式生动地展现出中国人文精神的风骨和传统文化的传承。人物篇以人物生平为线索，在故事中体现传主的学问、事功、道德，凸显他们在中华文明进程中的重要作用，深入挖掘和阐发其内在精神，从而激起读者爱国爱乡的强烈情感，使之成为涵养社会主义核心价值观的重要源泉。

这套丛书以广大群众为读者对象，尤其是各年龄段的学生群体以及受过中等教育的读者，他们对这些历史名人的认知，大多来源于历史课本、乡土教材、文化景点和博物馆，很难形成具体、深入、系统的认识。丛书深入浅出，雅俗共赏，通过一个个生动精彩的故事带领读者走进福建历史，走入人文社会科学的知识殿堂，融故事性、知识性、趣味性、可读性于一体，对提升大众的阅读水平、普及社会科学知识、提高人文社会科学文化素养和思想道德素质有着积极的作用。

专家刘小新老师对丛书写作大纲和书稿进行了认真审读，并提出了许多很好的意见和建议，在此表示感谢！

若有不足之处，敬请广大读者批评指正。

编委会

2019年8月